Tierstudien 08/2015

Wild

Tierstudien

08/2015

Wild

Herausgegeben von Jessica Ullrich

Neofelis Verlag

Tierstudien
08/2015: Wild
Hrsg. v. Jessica Ullrich

Bibliografische Information der Deutschen Nationalbibliothek
Die Deutsche Nationalbibliothek verzeichnet diese Publikation in der Deutschen Nationalbibliografie; detaillierte bibliografische Daten sind im Internet über http://dnb.d-nb.de abrufbar.

Umschlaggestaltung: Marija Skara
Druck: PRESSEL Digitaler Produktionsdruck, Remshalden
Gedruckt auf FSC-zertifiziertem Papier.
ISSN: 2193-8504
ISBN (Print): 978-3-95808-001-0
ISBN (PDF): 978-3-95808-089-8

Erscheinungsweise: zweimal jährlich
Jahresabonnement 20 €, Einzelheft 12 €
Erhältlich in Ihrer Buchhandlung oder direkt beim Neofelis Verlag unter:
vertrieb@neofelis-verlag.de

Ein Abonnement verlängert sich automatisch um ein Jahr, wenn die Kündigung nicht mindestens drei Monate vor Ende des Kalenderjahrs erfolgt ist.

Inhalt

Editorial

Die Diskussion um wilde Tiere hat Konjunktur: Gruner + Jahr gibt seit diesem Jahr mit *Walden. Die Natur will Dich zurück* ein Männermagazin heraus, das mit dem Versprechen „Die Wildnis beginnt vor der Haustür" lockt, während Sue Donaldson und Will Kymlicka dafür plädieren, dass man Wildtieren den Rechtstatus souveräner Staaten geben soll, und der Tod des von einem Trophäenjäger erschossenen simbabwischen Löwen Cecil einen Shitstorm im Internet auslöst.[1]

Doch wenn man über den Begriff des Wilden nachdenkt, merkt man schnell, dass das Wilde nicht leicht zu fassen ist. Wildheit, so viel steht wohl fest, gehört zu den grundlegenden kulturellen Zuweisungen von Animalität. Das Wilde wird allgemein verstanden als das Ungezügelte, Ungezähmte, Fremde und Sprachlose. Dem biblischen Buch Genesis nach lebten einst alle Tiere in friedlicher Koexistenz, bis sie durch die menschliche Sünde einander entfremdet und unkontrollierbar wurden. Wilde Tiere greifen somit im wahrsten Sinne des Wortes die ursprüngliche Harmonie der Natur an. Der britische Philosoph Edmund Burke aber identifizierte 1757 die wilden Tiere ganz im Gegenteil als eine Quelle des Erhabenen, in denen sich Gottes Macht manifestiere. „Das Erhabene" sagt er „überkommt uns [...] in Gestalt des Löwen, des Tigers, des Panthers oder des Rhinozeros."[2]

Doch die Definitionen von ‚wild' und ‚Wildheit' bleiben vorläufig und wandelbar und lassen sich nicht so leicht an der Spezieszugehörigkeit festmachen. Denn was sind die epistemischen Unterschiede zwischen der Wildheit eines Wolfs, eines Dingos, eines Wildhundes, eines streunenden oder eines tollwütigen Hundes? Zuweilen verlaufen die Grenzen selbst auf Individualebene fließend und ein Haushund kann wild werden oder verwildern und ein Wolf kann gezähmt werden.

Menschen haben offenbar eine Tendenz dazu, das Wilde einfangen zu wollen, zu vernichten oder zu zivilisieren. Es gibt sogar eine eigene Kategorie von Tieren, die man als „Wild" bezeichnet und

1 Vgl. Sue Donaldson / Will Kymlicka: *Zoopolis. Eine politische Theorie der Tierrechte.* Frankfurt am Main: Suhrkamp 2013.

2 Edmund Burke: *Vom Erhabenen und Schönen*, hrsg. v. Friedrich Bassenge. Berlin: Aufbau 1956, S. 101.

damit als jagdbar markiert. Darstellungen von Wild gibt es in der Kulturgeschichte schon lange, wohl schon seit Anbeginn der Kunst. Man denke nur an die exquisiten Darstellungen von Wild in Lascaux, Altamira oder Chauvet. Eine viel spätere Hochzeit der Wildmalerei war das 19. Jahrhundert, in dem u. a. Gemälde von Hirschen Triumphe feierten. Die Bilder sind nicht einfach Darstellungen spezifischer Jagdbegebenheiten, sondern manifestieren ein quasi-ritterliches Konzept von Jagd mit strengem Ehrenkodex. So sieht man auf den Gemälden selten die tatsächliche Überlegenheit der mit Gewehren bewaffneten Menschen, sondern oft einen idealisierten Zweikampf zwischen ebenbürtigen Rivalen im Kampf um das Überleben des Stärkeren – das kurze Zeit später als „Survival of the Fittest" durch Charles Darwin sprichwörtlich wurde.

Meist war das Sehen, Darstellen und Töten von Tieren eng miteinander verknüpft. So gut wie alle bekannten Tiermaler wie auch Naturforscher haben ihre Motive gejagt und getötet, bevor sie sie abbildeten. Offenbar waren sie der Ansicht, dass man wilde Tiere stillstellen muss, um sie genau studieren zu können – und sei es um den Preis ihres Lebens. Der Kunsthistoriker W. J. T. Mitchell hat sogar vorgeschlagen, dass die gesamte Malerei seit der frühen Neuzeit mit ihrem Fokus auf dem naturgetreuen Einfangen von Naturmotiven ein implizites Streben nach Beherrschung von Natur darstellt, das mit dem Streben des Jägers nach der Beherrschung des Wildes zu vergleichen sei.[3] Die Kunst domestiziert im Darstellungsprozess das Wilde, indem sie es unschädlich und kontrollierbar macht. Allerdings ist durch die große Beliebtheit und ständige Repetition von Motiven die Darstellung von wilden Tieren und insbesondere von Wild mittlerweile längst zum Inbegriff von Kitsch geworden. Der röhrende Hirsch etwa versinnbildlicht heute nur noch gezähmte Mittelmäßigkeit und taugt lediglich zum ironischen Zitat.

Viele Philosophen verweigern sich der im Alltagsverständnis verbreiteten Wertschätzung von gezähmten Tieren und lassen überhaupt nur wilde Tiere gelten. Gilles Deleuze und Félix Guattari etwa gehen soweit zu behaupten: „Alle, die Hunde und Katzen lieben, sind Dummköpfe"[4]. Sie verabscheuen Haustiere genauso wie symbolische

3 W.J.T. Mitchell: *Picture Theory. Esssays on Verbal and Visual Representation.* Chicago: University of Chicago Press 1994, S. 333.

4 Gilles Deleuze / Félix Guattari: *Tausend Plateaus: Kapitalismus und Schizophrenie.* Berlin: Merve 2010, S. 328.

Tiere mit festgelegter Bedeutung, glorifizieren aber die wilden Tiere, die in ihren Augen nicht in ihrer eigenen kleinen Biographie gefangen sind, sondern mächtige Meuten, Rotten oder Schwärme bilden. Der Wolf ist ihnen dabei das Meutetier par excellence, das wilde Tier, das sich trotz äußerlicher Nähe kategorial vom domestizierten Hund unterscheidet. Der Hund hingegen steht für alles, was verachtenswert ist: Familie, Gehorsamkeit, Autoritätshörigkeit.

Auch in der Kunst bestand lange die Auffassung, dass Haustiere weniger bildwürdig seien als freilebende Tiere. Wilde Tiere treten als würdigere Herrschaftssymbole oder Wappentiere auf, etwa der Löwe oder der Adler. Porträts von schnurrenden Hauskatzen wurden und werden leicht als sentimentaler Kitsch belächelt, während Ölgemälden von Löwenkämpfen als animalischen Schlachtendarstellungen ein höherer Status zugesprochen wurde. Steve Baker weist in seiner Diskussion der Angst von Künstlern vor dem Vertrauten auf die tradierte Unterscheidung zwischen konventionellem Denken und unabhängigem Denken hin:[5] Haustiere sind von menschlichen Erwartungen und durch menschliche Bedingungen gestaltet, wilde Tiere hingegen haben einen Outlaw-Status, sie werden als unabhängige Geister, als kreativ und risikofreudig konstruiert und damit implizit als ideale Künstlerpersönlichkeiten anthropomorphisiert. Denn zum modernen Künstlertum gehört es, das Sichere, das Mittelmäßige und Gemäßigte abzulehnen. Domestizierung wird mit von Außen oktroyierten Beschränkungen, Einschränkung von Freiheit und von Imagination assoziiert. Das Wilde hingegen ist das Epitom gesunder Kreativität. Viele Künstler bewohnen daher oft demonstrativ eine halbwilde Zone am Rand der hierarchisch geordneten Zivilisation.

Im Anthropozän, in dem die Welt in ihrer jetzigen Form durch Klimawandel und Artensterben tatsächlich fragil geworden ist, tendieren wir dazu, das Wilde als eine Art utopische Gegenwelt zur Zivilisation zu sehen. Gary Snyder etwa setzt der negativen Definition der Wildheit von Tieren des *Oxford English Dictonary* „not tame, undomesticated, unruly" seine eigene positive Deutung entgegen: „free agents, living within natural systems".[6]

5 Steve Baker: The Fear of the Familiar. In: Ders.: *The Postmodern Animal.* London: Reaktion 2000, S. 166–190.

6 Gary Snyder: *The Practice of the Wild.* Berkeley: Counterpoint 1990, S. 9.

Wildheit kann natürlich auch außerhalb der Tierwelt vorkommen: Nicht nur Raubtiere, sondern auch fremde Völker, vergangene Epochen, Kinder und Naturausschnitte gelten zuweilen als wild. Wild ist das, was uns entweder örtlich oder zeitlich fern ist. Das Wilde kann für die Beschreibung von Staaten nutzbar gemacht werden, wie das Thomas Hobbes Mitte des 17. Jahrhunderts tut, der von einem wilden, kriegerischen Naturzustand ausgeht, den es zu überwinden gilt.[7] Wildheit wird paradoxerweise oft als das angesehen, was nicht gezähmt werden kann und dennoch unterworfen werden muss.
Menschen, denen Wildheit bescheinigt wird, wird automatisch auch Naturnähe und Animalität zugeschrieben, was meist pejorativ und herablassend aus einer vermeintlich zivilisierteren, überlegenen Position formuliert wird. Zuweilen kann es aber auch als positive Qualität gemeint sein. Für Claude Lévi-Strauss etwa ist die (hypothetisch) ganzheitliche, improvisierte und magische Weltanschauung sogenannter ‚Naturvölker' schlicht „wildes Denken".[8] Und heutige Theorien zur Schwarmintelligenz, die im Grunde eine tierliche Form der Wissensgenerierung und Wissensverarbeitung ist, zeugen von einer neuen Anerkennung für den Wert eines ganz anderen „wilden Denkens".[9] Das Wilde wird dabei eine rhetorische Formel für Freiheit jenseits von menschlicher Kontrolle oder Restriktionen und eine Metapher für einen Raum kreativer Möglichkeiten.
Das Wilde existiert also vor allem als Gedankenkonstrukt – und es entzieht sich konsequenterweise einer eindeutigen Definition und einer klaren Bewertung. Wildheit ist niemals lediglich eine negative Figur der Aus- und Abgrenzung des Anderen und des Unzivilisierten, sondern kann ganz im Gegenteil auch als positive, vitale Qualität von ungezähmten Tieren gelten. ‚Wild' kann zu einem Aktionsmodell mit subversiver Kraft werden.

Die Beiträge in dieser Ausgabe von *Tierstudien* diskutieren, wie Wildheit repräsentiert und produziert wird. Unterschiedlichen poetologischen Konzepten von Wildheit widmen sich Sebastian Schönbeck und Belinda Kleinhans. Schönbeck beschäftigt sich mit den wilden

7 Vgl. Thomas Hobbes: *Leviathan*, hrsg. v. J. C. A. Gaskin. Oxford: Oxford UP 2009.
8 Vgl. Claude Lévi-Strauss: *Das wilde Denken*. Frankfurt am Main: Suhrkamp 1968.
9 Vgl. u. a. Peter Miller: *Die Intelligenz des Schwarms. Was wir von Tieren für unser Leben in einer komplexen Welt lernen können*. Frankfurt am Main: Campus 2010.

Hunden in Kleists *Penthesilea* und beschreibt dabei Wildheit als Teil der kulturellen Ordnung. Im Mittelpunkt der Analyse von Kleinhans stehen kanadische Gegenwartsgedichte, deren poetische Wildheit die anthropozentrische Perspektive zu erschüttern vermag.

Alexander Kling und Marcello Pocai widmen sich der Herstellung von Wildheit in der Kunst bzw. in der Reiterei. Kling untersucht das Zusammenspiel von Bild und Text bei den Wolfsdarstellungen des Tiermalers Johann Elias Ridinger und des Lyrikers Barthold Heinrich Brockes. Zu einer Zeit, als Wölfe verfemt und bereits im Verschwinden begriffen sind, gewinnen beide der Wildnis einen ästhetischen Genuss ab. Pocai analysiert, wie verschiedene Wildheitskonzeptionen des Pferdes zu unterschiedlichen Reitschulen geführt haben. Er plädiert für eine neue Verwendung des Begriffes ‚wild' im Zusammenhang mit Pferden, nicht als Attribut, sondern als Verweis auf deren Agency.

Leonie Bossert und Clemens Butzert beschäftigen sich mit dem praktischen Umgang mit wilden Tieren. Während Bossert die philosophischen Grundlagen für das Anerkennen von Hilfspflichten gegenüber wildlebenden Tieren rekapituliert und die ethischen Verpflichtungen des Menschen Wildtieren gegenüber diskutiert, stellt Butzert dar, wie die Wildtiergesetzgebung in Deutschland heute aussieht und dass der Schutz wildlebender Tiere ausschließlich auf menschlichen Interessen und Moralvorstellungen beruht.

Nadir Weber, Elisabeth Luggauer und Bernd Kleinhans widmen sich mit jeweils ganz unterschiedlicher Themensetzung und disziplinärer Ausrichtung den Grenzgängern zwischen „wild" und „zahm". Weber zeigt u. a., wie im Ancien Régime bestimmte Tiere durch Verlegung in definierte räumliche Settings zu Wild gemacht wurden, und liest die Jagd als theatrale Interaktion von frühneuzeitlichen Fürsten und gejagtem Tier. Luggauer beschäftigt sich mit einem soziologischen Blick auf Grundlage eigener Erfahrungen und anhand von Medienberichten mit Hunden im urbanen Raum. Sie arbeitet die Vorstellung vom Hund als „Freund auf Bewahrung" heraus, der beherrscht und kontrolliert werden muss, um seine wilde Natur im Zaum zu halten. Der Topos der Zähmung des „wilden Kindes" ist Kleinhans' Thema. Er zeigt, dass die Vorstellung, dass Kinder ihren wilden Naturzustand erst überwinden müssen, um komplette Menschen zu werden, sich nicht nur in früher Pädagogik, sondern bis in die heutige Zeit in Kinder- und Jugendfilmen hält.

Dass das Wilde oft auch einen spezifischen Ort bezeichnet, wenn auch nicht unbedingt dort, wo erwartet, ist Thema der beiden abschließenden Beiträge von Volker Sommer und Mariel Jana Supka. Sommer berichtet von seiner eigenen Praxis der primatologischen Feldforschung in „freier Wildbahn" und bei Supka wird das eigene Wohnzimmer zum Schauplatz einer Invasion asiatischer Marienkäfer. In beiden Fällen fühlen sich die Feldforscher dort zuhause, wo sie die wilden Tiere beobachten.

Drei künstlerische Beiträge, in allen Fällen veritable „Tierstudien", runden diese Ausgabe ab. Loredana Nemes hat für ihre Schwarz-Weiss-Fotoserie *Gier* an der Binnenalster in Hamburg Brötchen an Möwen verfüttert. Sie selbst bleibt in dieser Interspezies-Aktion jedoch unsichtbar und die barmherzige und gemeinschaftsstiftende Geste des Brotteilens wird zum Auftakt einer gewalttätigen Aufführung animalischer Wildheit. Aus dem harmlosen Vogelfüttern im Park als Zeitvertreib älterer alleinstehender Damen wird ein existentielles Drama von Fressen und Gefressen-Werden. Der ungewohnte Blick aus der Vogelperspektive auf die Möwen, die sich auf ihre Beute stürzen, ver- und entfremdet die vertrauten Tiere und macht sie geheimnisvoll und beinahe dämonisch. Was zurückbleibt, ist aufgewühltes, dunkles Wasser, das durch die fotografische Fixierung für alle Zeiten die Spuren des dramatischen Geschehens trägt und daran erinnert, dass in einer christlichen Lesart die Gier eine Todsünde ist. Indem die Vögel in ihrer unfassbaren Alterität vorgestellt werden und nicht einmal mehr bewegungslose Tiere in Bilder gezwungen werden, die eine festgelegte symbolische Bedeutung haben, begegnet Nemes ihren Fotomodellen auf eine aufmerksame und achtsame Art und Weise, die Platz lässt für Wildheit und Unverfügbarkeit. Diese Tiere sind zu widerspenstig, zu lebendig, zu wild, um reine Projektionsfläche zu sein. Ihre Wildheit kann vielleicht sogar als Widerstand gegen die Zähmung durch Repräsentationsdispositive gelesen werden.

Nicole Schucks Zeichenserien sind komplexe Topographien und Kartographien von urbanen Randgebieten und unbebauten Landschaften und der dort lebenden Wildtiere in verschiedenen Regionen und Ländern. Für ihren sukzessive weiterwachsenden „Umraumatlas" begibt sie sich in einen Dialog mit Wissenschaftlern, Naturexperten und Anwohnern, ergänzt die Zeichnungen durch Interventionen im öffentlichen Raum und Erzählspaziergänge und mischt dokumentarische und fiktionale Bilder und Narrationen. Erst auf den zweiten Blick werden irritierende Fragmentierung, Hybridisierungen und Transformationen u. a. durch mäandernde Linien erkennbar, die daraus resultieren, dass sich Körper aufgrund veränderter Lebensräume so wandeln, dass sie nicht mehr in ihre angestammten Habitate passen. Die Tiere behalten ihre ursprüngliche Wildheit und entziehen sich jeder Kategorisierung. Nicole Schuck ist es egal, ob man erkennt, um welche Spezies es sich handelt. Diese Tiere sind keine Schauobjekte, sondern vielmehr Ahnungen einer nichtmenschlichen, einer wilden Präsenz, die sich von jeder Zuschreibung emanzipiert hat. Die Tiere scheinen immer etwas von ihrer Identität zurückzuhalten. Schucks Kunst, die die Alterität und Animalität, sprich das „Wilde" und Unveräußerliche achtet, zwängt lebende Wesen nicht in Bilder und Konzepte, sondern erkennt deren Teilhabe an der Welt an.

Kurt Wilhelm Hofmann verknüpft die eigene waidmännische Praxis mit einer expressiven Zeichentechnik. Er skizziert für seine poetische Serie *Geweihe* das, wonach so viele Trophäenjäger streben. In Seitenansicht in Bleistift festgehalten, wirken die einzelnen Geweihe jedoch nicht wie ein erhabenes Statussymbol, sondern wie ein melancholisches Memento Mori. Sie sind das, was vom Tier nach der Pirsch bleibt und gemahnen an die (oft gewalttätige) Endlichkeit jeden Lebens. Hofmann bringt teilweise Randbeschriftungen an den einzelnen morphologischen Strukturen an, die sie mit den termini technici benennen. Das bringt die Zeichnungen in die Nähe von naturkundlichen Studien und könnte als Versuch gelesen werden, das Unfassbare des Wildes handhabbar zu machen. Doch nur scheinbar wird durch diese wissenschaftliche Anstrengung die Vanitassymbolik konterkariert: In die sichtbaren Spuren des Handwerks, etwa verwischte Fingerabdrücke des Künstlers, mischen sich verblichene rostrote Tropfen, die an Blut denken lassen und an die strukturelle Gewalttätigkeit des Wissenwollens. Hofmann jagt das Wilde buchstäblich, um es dann in Bildern festzuhalten. Vielleicht kann sein Vorgehen auch als Versuch gedeutet werden, das Wilde, das er in sich selbst trägt, zu bannen. Dass das Wilde nicht nur in der Kunst, sondern

auch in der Natur unwiderbringlich verloren zu sein scheint, verlangt Trauerarbeit, wiederum mithilfe künstlerischer Repräsentation.
Bei der Betrachtung aller drei Arbeiten stellt sich die Frage, ob es überhaupt möglich ist, Wildheit darzustellen. Das Wilde scheint oft so widerständig und unzähmbar zu sein, dass es sich verflüchtigt, sobald man versucht, es festzuhalten oder zu rahmen. Im vollen Bewusstsein der Gefahr des rückwärtsgewandten Pathos, der in einer naiven Verherrlichung des Wilden liegen kann, möchte ich dennoch schließen mit Henry David Thoreaus Kommentar aus *Walking* von 1862: „Life consists with Wildness. The most alive is the wildest.“[10]

Jessica Ullrich

10 Henry David Thoreau: *The Portable Thoreau*, hrsg. v. Carl Bode. New York: Penguin 1982, S. 611.

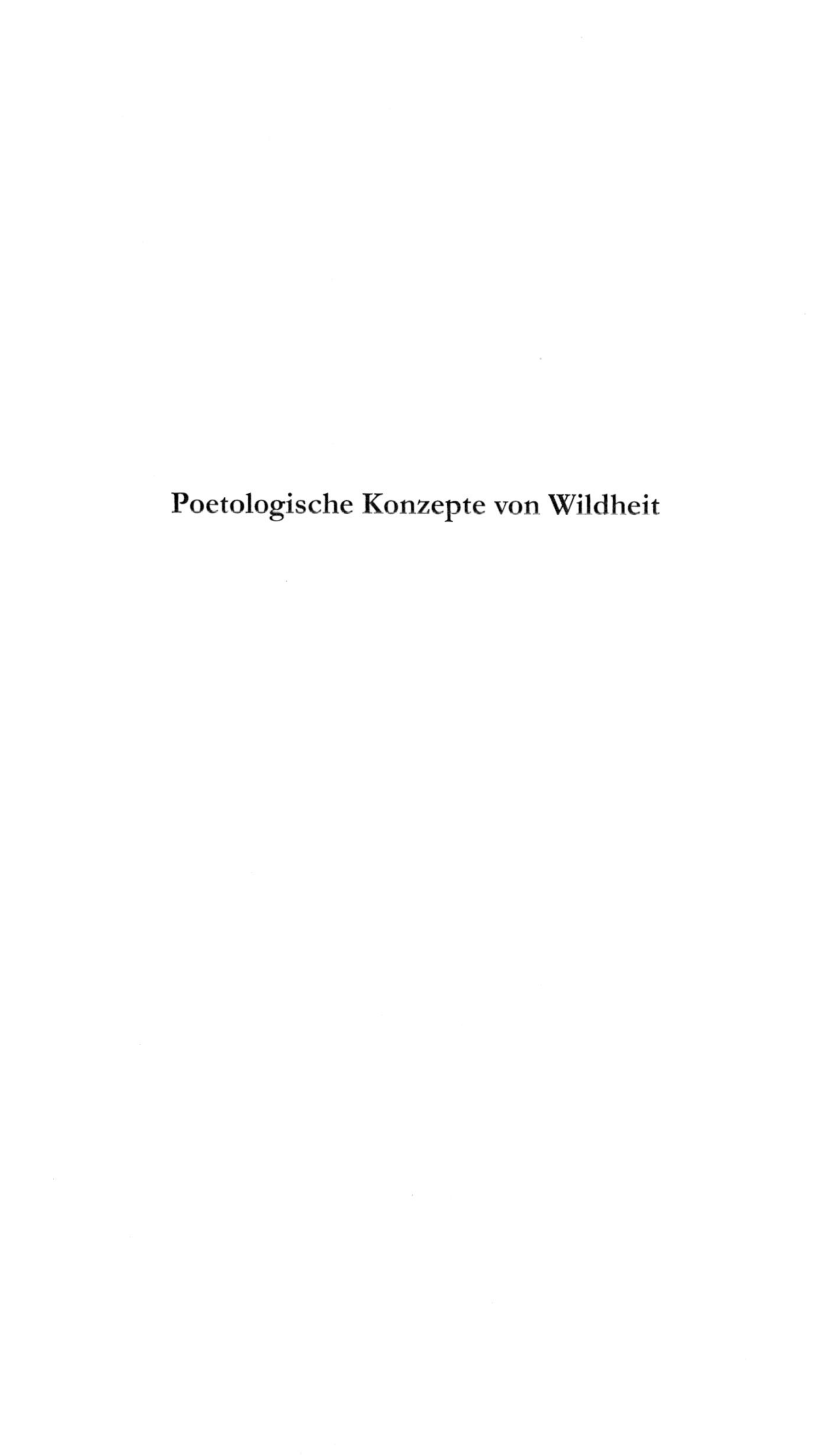

Poetologische Konzepte von Wildheit

Auf, auf, auf. Die wilden Hunde *Penthesileas*

Sebastian Schönbeck

In Heinrich von Kleists *Penthesilea* wird die gleichnamige Protagonistin im 20. Auftritt vollends wild: „PENTHESILEA *mit zuckender Wildheit*: Herbei, Ananke, Führerin der Hunde!“[1] Dieser Moment ist nicht allein wegen der Diagnose der Wildheit bemerkenswert, sondern auch deshalb, weil Penthesilea zeitgleich die Führerin der Hunde (Ananke) anruft und sich daraufhin zu den Hunden selbst wendet: „PENTHESILEA *sich zu den Hunden wendend:* / Auf Tigris, jetzt, dich brauch’ ich!“[2] Sowohl der Befund von Penthesileas Wildheit, als auch ihre nahezu simultane Wendung zu den Hunden werden nicht in Figurenrede, sondern in Regieanweisungen beschrieben. Sie sind Beschreibungen dessen, was auf der Bühne in einem materiellen Sinne passiert.

In diesem Moment verzahnt der Text des Trauerspiels die Gewalt der Kriegshunde mit der Wildheit der Protagonistin, die schließlich zusammen mit ihren Hunden Achilles zerreißt. Penthesilea bricht damit zugleich das Gesetz der Amazonen, konterkariert ihre Kriegslogik und gefährdet ihre Prokreation. Wildheit – so der Einsatzpunkt – ist in *Penthesilea* also zum einen mit einer Wendung zu den Hunden und zum anderen mit einer Wendung auf politische Ordnung verknüpft.

Hunde sind in *Penthesilea* jedoch nicht nur in dem Moment präsent, in welchem die Amazonen-Königin vollends wild wird. Auch an anderen Stellen ist in Metaphern und Vergleichen von ihnen die Rede. Zum einen wird das Verhalten der Protagonistin und ihres Gegenübers Achilles mit dem einer Dogge analogisiert,[3] zum anderen werden sämtliche Amazonen als „Höllenhunde“[4] bezeichnet. Penthesilea selbst beschreibt die Begierden der Amazonen wie die „losgelaßne[r]

1 Heinrich von Kleist: Penthesilea. In: Ders.: *Sämtliche Werke und Briefe*, Bd. 2: Dramen. 1808–1811, hrsg. v. Ilse-Marie Barth / Klaus Müller-Salget / Walter Müller-Seidel / Hinrich C. Seeba. Frankfurt am Main: Deutscher Klassiker Verlag 1987, S. 143–256, hier S. 231.

2 Ebd., S. 232.

3 Im ersten Auftritt wird zunächst Achilles mit einer Dogge verglichen und im dritten Auftritt Penthesilea. Vgl. ebd., S. 151, 157.

4 Vgl. ebd., S. 163.

Hunde“[5]. Hündinnen und Hunde kommen im Text demnach sowohl in Vergleichen und Analogien in Bezug auf menschliche Charaktere vor als auch explizit als nicht-menschliche Lebewesen, die wiederum auch explizit auf menschliche Charaktere bezogen sind bzw. mit ihnen gemeinsam agieren.[6]

Im Folgenden werden beide Hunde-Arten, auch in gegenseitigem Bezug aufeinander, mit Blick auf politische Fragen und Fragen des Rechts untersucht.[7] Darüber hinaus soll an ihnen exemplarisch eine metapherntheoretische Dimension aufgezeigt werden, nach der *Penthesilea* auch davon handelt, wie eine Hunde-Metapher funktioniert. Wie werden die Hunde vom Text des Trauerspiels mit der Wildheit verbunden, und welche Rolle spielen die Hunde bei der Darstellung von Penthesileas Wildheit? Auf welche Weise erfolgt die Einschreibung der Wildheit in die zivilisatorische Kriegspraxis?

Böse Wölfe und wilde Doggen

Im ersten Auftritt des aus vierundzwanzig Auftritten bestehenden und damit Homers *Ilias* formal nachbildenden Trauerspiels stehen die griechischen Heerführer Odysseus, Antilochus und Diomedes vor einem Rätsel. Sie beraten sich angesichts der Intervention der Amazonen in den griechisch-trojanischen Krieg. Dabei beschreibt Odysseus beide Kriegsparteien mit einem Wolfs-Vergleich: „Du siehst auf diesen Feldern, / Der Griechen und der Amazonen Heer, / Wie zwei erboste Wölfe sich umkämpfen: / beim Jupiter! Sie wissen nicht warum?“ und kurz darauf: „Tot sinken die Verbißnen heut noch nieder, / Des einen Zahn im Schlund des anderen.“[8] Odysseus

5 Vgl. Kleist: Penthesilea, S. 186.

6 Ähnlich verhält es sich in der Novelle *Michael Kohlhaas*. Einerseits tauchen auch hier wilde Hunde als nicht-menschliche Charaktere auf (etwa die 12 Hunde des Junkers der Tronkaburg, mit denen dieser über Kohlhaas’ Knecht Herse herfällt), andererseits äußert Kohlhaas den Wunsch: „Lieber ein Hund sein, wenn ich von Füßen getreten werden soll, als ein Mensch.“ (Heinrich von Kleist: Michael Kohlhaas. In: Ders.: *Sämtliche Werke und Briefe*, Bd. 3: Erzählungen, Anekdoten, Gedichte, Schriften, hrsg. v. Klaus Müller-Salget. Frankfurt am Main: Deutscher Klassiker Verlag 1990, S. 11–142, hier S. 53.)

7 Eine der wenigen Studien zu Kleists Hunden beschäftigt sich mit dem Hund in *Das Bettelweib von Locarno*. Bei diesem Hund handelt es sich weniger um einen Kriegshund und mehr um einen auf ein Haus bezogenen und demnach domestizierten Hund. Vgl. Jonathan Kassner: Der Tod als solcher. Kreatürliche Konfusionen in Kleists *Das Bettelweib von Locarno*. In: *Tierstudien* 05 (2014), S. 151–162.

8 Kleist: Penthesilea, S. 145.

wählt den Vergleich zu erbosten Wölfen, um mittels Teichoskopie die komplizierte Situation auf dem Schlachtfeld bei Troja zu beschreiben. Während er die Heere der Griechen und der Amazonen einander gegenüberstehen sieht, deutet er einen singulären Konflikt zweier Individuen an, die sich ‚ineinander verbissen' haben und deren Tod er antizipiert. Die seit der Antike den Wölfen anhaftende Wildheit wird hier noch durch das Adjektiv ‚erbost' hyperbolisch überformt. Wenig später bedient sich Odysseus erneut eines Tier-Vergleichs, um Achilles sonderbares Verhalten auf dem Schlachtfeld zu beschreiben:

> Denn wie die Dogg' entkoppelt, mit Geheul
> In das Geweih des Hirsches fällt: der Jäger,
> Erfüllt mit Sorge, lockt und ruft sie ab;
> Jedoch verbissen in des Prachttiers Nacken,
> Tanzt sie durch Berge neben ihm, und Ströme,
> Fern in des Waldes Nacht hinein: so er,
> Der Rasende, seit in der Forst des Krieges
> Dies Wild sich von so seltener Art, ihm zeigte.[9]

Der hier gewählte Doggen-Vergleich erklärt den ersten Wolfs-Vergleich weiter. Das Verhalten von Achilles gleicht dem einer Dogge während einer Jagd, bei der der menschliche Jäger besorgt seine tierische Gefährtin zurückruft. Die Dogge entzieht sich jedoch in der beschriebenen Situation nach der Entkopplung für einen Augenblick dem Befehl ihres Herren und fällt somit in einen wilden oder ungebändigten Zustand zurück. Als Adjutant des Menschen droht die wild werdende Dogge, während der menschlichen Unterwerfung der Natur durch Jagd, in einen Naturzustand zurückzufallen. Diese mit der Dogge als Jagdhund verbundene Crux ist ein Gemeinplatz des Hunde-Wissens des 18. Jahrhunderts. So unterscheidet etwa Georges-Louis Leclerc de Buffon in seiner *Histoire Naturelle* streng zwischen domestizierten und wilden Hunden. Ihre Jagdneigung würden Hunde – so Buffon – mit Wölfen teilen. Wilde Hunde hätten jedoch die Fähigkeit, Sitten zu erlernen: „Dans les pays deserts, dans les contrées dépeuplées, il y a des chiens sauvages qui, pour les mœurs, ne diffèrent des loups que par la facilité qu'on trouve à les apprivoiser […].“[10] Aus den „chiens sauvages“ können durch die

9 Ebd., S. 151.

10 Georges-Louis Leclerc de Buffon: Chien. In: Ders.: *Œuvres*, hrsg. v. Stéphane Schmitt. Paris: Gallimard 2007, S. 640–688, hier S. 644.

Perfektionierung des natürlichen Jagdinstinkts – durch „éducation“ und „discipline“[11] – domestizierte Hunde werden, die sich für eine methodische Jagd eignen. Allerdings besteht – wie sich zeigt – die Gefahr eines animalischen Regresses fort, die Unterscheidung zwischen „chiens sauvages“ und „chiens domestiques“ erweist sich als problematisch.[12] Erziehung und Disziplin verdrängen die Wildheit nicht völlig.

An der oben zitierten Stelle wird in Kleists *Penthesilea* genau diese Gefahr thematisiert und auf das Verhalten der beiden Protagonisten projiziert. Somit zeigt sich, dass sich die Wildheit, und damit das Wölfische der Jagdhunde, nicht nur in menschenverlassenen Regionen finden lässt, sondern auch auf menschlichen Schlachtfeldern. Das feminine Genus der Dogge und das maskuline Genus des Hirsches lassen im Verlauf des Zitats die metaphorische Zuschreibung unsicher werden. Diese Unsicherheit wird genährt durch den Fakt, dass beide Protagonisten sich (wie die paradigmatische, wild gewordene Dogge) gegen den Befehl ihrer Vorgesetzten und im Verlauf der Handlung gegen das Gesetz ihres jeweiligen Staates richten. Achilles widersetzt sich dem Befehl Agamemnons, Penthesilea im Griechen-Lager in einen Hinterhalt zu locken, und will stattdessen der Königin der Amazonen persönlich ‚begegnen‘. Achilles wendet sich somit vom obersten Heerführer im Kampf gegen Troja ab.[13] Im Gegenzug wendet sich Penthesilea gegen das Gesetz der Amazonen, welches besagt, der Zufall möge über die jeweilige Beute für das Rosenfest entscheiden: „Den jungen trotz'gen Kriegsgott bänd'g' ich mir, […] Laß mich!“[14]

Nachdem Achilles Penthesilea gefangen nimmt und ihr durch eine List, indem er ihr suggeriert, er sei ihr Gefangener, die Geschichte

11 Buffon: Chien, S. 643.

12 Auch Adelung verweist im Zusammenhang mit der Jagd auf „manche böse Eigenschaften“ des Hundes. Außerdem erinnere die Bezeichnung Hund etymologisch an seine Eignung zur Jagd, was sich wiederum an der Nähe zum Englischen „to hunt“ oder „hunter“ zeige. Vgl. Johann Christoph Adelung: Hund. In: Ders.: *Grammatisch-kritisches Wörterbuch der Hochdeutschen Mundart mit beständiger Vergleichung der übrigen Mundarten, besonders aber der oberdeutschen.* Zweyte, vermehrte und verbesserte Ausgabe. Leipzig 1793–1801, Bd. 2, Sp. 1318–1321, hier Sp. 1318.

13 Vgl. Rüdiger Campe: Zweierlei Gesetz in Kleists *Penthesilea.* Naturrecht und Biopolitik. In: Ders. (Hrsg.): *Penthesileas Versprechen. Exemplarische Studien über die literarische Referenz.* Freiburg: Rombach 2008, S. 313–341, hier S. 318.

14 Kleist: *Penthesilea*, S. 166.

und das Gesetz der Amazonen entlockt, wird diese von ihren Gefährtinnen befreit. Bei der Darstellung dieser Ereignisse durch Botenbericht und Teichoskopie bedienen sich die Sprecher immer wieder Metaphern und Vergleichen der Bildfelder[15] Liebe / Jagd bzw. Krieg / Jagd. Dabei sind diese zu einem Bildfeld verbundenen „Sinnbezirke"[16] nicht nur Teil eines Kleist gegenwärtigen synchronen Metaphern-Reservats, sondern sie stehen auch in einem diachronen Traditionszusammenhang. Bereits in Homers *Ilias*, auf die Kleists *Penthesilea* explizit verweist, wird der Verfolger Achilles mit einem Hund und der Verfolgte Hektor mit einem Hirschkalb verglichen.[17] In Kleists *Penthesilea* kehrt sich jedoch das Verhältnis um, sodass Achilles vom Jäger zum Gejagten wird.[18]

Dass es sich jedoch mit Kleists Hunde-Metaphorik anders verhält als mit Metaphern wie jene aus dem von Harald Weinrich untersuchten Bildfeld Münze / Wort, zeigt sich, wenn hervorgehoben wird, dass die Kriegs-Praxis am Ende des Trauerspiels von Hunden und Menschen gemeinsam bestritten wird. Die Hunde-Metaphern oder Vergleiche zeichnen sich in Kleists *Penthesilea* dadurch aus, dass sie zunächst durch Substitution oder Analogie funktionieren, die differenten Sinnbezirke jedoch am Ende als ineinander geschaltet erscheinen. Dies wird in dem Moment deutlich, in dem die Hunde auch als nicht-menschliche Charaktere im Trauerspiel auftreten. Genau in diesem Moment wird die Möglichkeit eines animalischen Regresses in der kriegerischen Handlung, wie ihn Odysseus durch die Doggen-Analogie beschrieben hat und wie ihn Buffon angesichts der Hunde thematisiert, ausgespielt. Der Moment, an dem Penthesilea wild

15 Zum Begriff des Bildfeldes vgl. Harald Weinrich: Münze und Wort. Untersuchungen an einem Bildfeld. In: Ders.: *Sprache in Texten.* Stuttgart: Klett 1976, S. 276–290.

16 Ebd., S. 283.

17 Homer: *Ilias*, aus d. Altgriech. v. Wolfgang Schadewaldt. Frankfurt am Main: Insel 1975, S. 370–371: „Den Hektor aber trieb unablässig vor sich her der schnelle Achilleus. / Und wie wenn ein Hirschkalb in den Bergen ein Hund aus seinem Lager / Aufscheucht und hetzt durch Talgründe und Schluchten; / Und wenn es sich auch, unter einen Strauch geduckt, vor ihm verbirgt, / So läuft er doch beständig und spürt, bis er es findet:"

18 Kleist: Penthesilea, S. 188: „Laßt ihn mit Pferden häuptlings heim mich schleifen, / Und diesen Leib hier, frischen Lebens voll, / Auf offnem Felde schmachvoll hingeworfen, / Den Hunden mag er ihn zur Morgenspeise, / Dem scheußlichen Geschlecht der Vögel, bieten."

wird, ist zugleich der Moment, an dem die materielle Dimension der Hunde-Metapher hervortritt.[19]

Auf, auf, auf

Mit dem Wissen des Amazonengesetzes ausgestattet, bittet Achilles Penthesilea erneut in die Schlacht. Er, der über die Verzückungen des Rosenfestes weiß, möchte sich im Kampf geschlagen geben. Damit folgt er auf strategische Weise der Kriegslogik der Amazonen. Penthesilea hingegen verfährt, wie sich bei der Tötung und Zerreißung von Achilles zeigt, mit der Kriegslogik der Griechen, die auf die Eliminierung des Gegners im Konflikt zielt. Sie verfällt, so weiß eine Regieanweisung im zwanzigsten Auftritt, einer unberechenbaren Wildheit, die einen Anruf der Hundeführerin mitsamt ihrer Hunde zur Folge hat: „PENTHESILEA *mit zuckender Wildheit*: Herbei, Ananke, Führerin der Hunde!" Penthesilea ruft mit Ananke die lateinische Transkription des griechischen Ἀνάγκη, ihr Schicksal, herbei, woraufhin sie sich direkt an die Hunde wendet, die nun als Charaktere des Trauerspiels auf den Plan treten:

> PENTHESILEA *sich zu den Hunden wendend:*
> Auf Tigris, jetzt, dich brauch' ich! Auf Leäne!
> Auf, mit der Zoddelmähne du, Melampus!
> Auf, Akle, die den Fuchs erhascht, auf Sphynx,
> Und der die Hirschkuh übereilt, Alektor,
> Auf, Oxus, der den Eber niederreißt,
> Und der dem Leuen nicht erbebt, Hyrkaon![20]

Es handelt sich bei Penthesileas Anruf der Hunde durch die fünffache Anapher „auf" um ein onomatopoetisches Bellen, mittels dessen sich die Identifizierung von Penthesilea und ihrer Hunde vollzieht. Eine Mimesis der Tierstimmen wird hierauf erneut angedeutet, indem Penthesilea neben den Hunden niederkniet und diese ein schreckliches Geheul anstimmen. So heißt es in der nächsten Regieanweisung: „PENTHESILEA *kniet nieder, mit allen Zeichen des Wahnsinns, /*

19 Es ließe sich auch mit Roland Borgards von einer „materiellen Metapher" sprechen. Vgl. Roland Borgards: Battle at Kruger (2007). Tiere, Metaphern und das Politische. In: Martin Doll / Julika Griem / Oliver Kohns / Susanne Scholz (Hrsg.): *Politische Tiere. Zoologische Imaginationen des Kollektiven*. Paderborn: Fink 2015, im Erscheinen.

20 Kleist: Penthesilea, S. 232.

während die Hunde ein gräßliches Geheul anstimmen"[21]. Mindestens drei der von Penthesilea angerufenen Hunde lassen sich auch in Ovids *Metamorphosen* wiederfinden: „Tigris", „Melampus" und „Akle", restloses Anagramm von „Alke", wie es bei Ovid heißt.[22] Die Stelle im Text der *Penthesilea* gleicht auch der Form nach der Aufzählung in den *Metamorphosen.* Es handelt sich hier wie dort um einen Hundekatalog, in welchem die Hunde, ihre Herkunft und die mit ihnen verbundenen Geschichten aufgeführt werden.[23] Es sind also nicht irgendwelche Hunde, die Penthesilea mittels eines Anrufs zitiert, sondern es sind bestimmte Hunde, *diese* Hunde („dich brauch' ich!").[24] Diese Hunde sind keine wilden, streunenden Hunde ohne Namen, sondern für ihre schrecklichen Taten berühmte Hunde mit Namen. Sie sind abgerichtete Jagdhunde, die für ihre potentielle Wildheit bekannt sind. Mit diesen Hunden ist eine schicksalshafte Geschichte verbunden: die Geschichte eines Rückfalls in eine Wildheit, die sie gegenüber der Stimme ihres Herren (Aktäon) taub werden lässt. Mit diesen wild werdenden Ovid'schen Hunden, die ihren eigenen Herren Aktäon in Stücke reißen, identifiziert sich Penthesilea und macht sie damit zu ihren Hunden. Indem Penthesilea die Hunde bei ihren Namen nennt und indem die Hunde auf ihre Namen hören, werden sie ihr hörig. Da Penthesilea sich jedoch derart stark mit diesen Hunden identifiziert, tritt sie einerseits mit ihnen in ein Verhältnis jenseits der Logik von Herrschaft und Unterwerfung, übernimmt sie andererseits jedoch ihre aus der Latenz drohende Wildheit. Die Oberpriesterin nennt Penthesilea schließlich im zweiundzwanzigsten Auftritt selbst

21 Ebd.

22 Publius Ovidius Naso: *Metamorphosen*, aus d. Lat. v. Johann Heinrich Voß. Frankfurt am Main: Insel 1990, S. 74: „Ihn, den Zweifelnden, schauten die Hund', und der erste, Melampus, / Gab, mit dem Spürer Ichnobates, gleich laut bellend das Zeichen. / Gnosier war von Geburt Ichnobates, Sparter Melampus. / Alle nun kamen daher wie die stürmenden Winde geflogen: / Pamphagus, Dorkeus auch, und Oribasus, Arkader alle; / Auch des Nebrophonos Kraft, und der trotzige Teron mit Lälaps; / Pterelas, hurtig zu Fuß, und Agre mit witternder Schnauze; / Und Hylaus, den jüngst ein rasender Eber verwundet; / Nape, gezeugt vom Samen des Wolfs, und der Herde Gesellin / Pömenis, und Harpya, von Zwillingssöhnen begleitet, / Und mit schmächtiger Weiche der Sikyonier Ladon; / Dromas und Stikte zugleich, und Kanache, Tigris und Alke, / […]."

23 Franz Böhmer: *Publius Ovidius Naso, Metamorphosen, Kommentar, Buch I–III.* Heidelberg: Winter 1969, S. 503–504.

24 Zu der Figur des Anrufs vgl. Andrea Allerkamp: *Anruf, Adresse, Appell. Figurationen der Kommunikation in Philosophie und Literatur.* Bielefeld: Transcript 2005.

eine Hündin und erklärt sogleich die von ihr verwendete Metapher: „Die Hündin, mein' ich! / – Der Menschen Hände bänd'gen sie nicht mehr."[25] Ihrer Wildheit nach ähnelt sie ihren Hunden, die sie als Charaktere umgeben. Das rhetorische Äquivalent zu der Wildheit der Protagonistin ist eine ‚wilde Metaphorik', welche die Bezüge ständig wechselt. Die metaphorischen Zuschreibungen aus dem „Arsenal der Tierwelt" sind nicht fixiert, sondern sie changieren ständig.[26] Ihre Hunde und Penthesilea wenden sich gemeinsam gegen ihre eigene und die politische Ordnung ihres Gegners. Jene Amazonen (etwa ihre Vertraute Meroe oder gar die Oberpriesterin), die sich ihr fortan in den Weg stellen, hetzt sie mit ihren Doggen zusammen hinweg.[27] Demnach richtet sich ihre Wildheit sowohl gegen die Amazonen, denen sie nicht mehr angehört, als auch gegen Achilles, der selbst das Gesetz der Griechen und deren Kriegslogik missachtet. Indem die wilde Penthesilea mit ihren wilden Hunden die griechische Kriegslogik übernimmt, die auf die Tötung des Gegners zielt, verweist sie zudem auf die Wildheit der griechischen Kriegslogik selbst. Achilles, der am Ende der *Ilias*, Hektor den Hunden zum Fraß vorwirft, nachdem er ihn drei Mal um Troja gejagt hat, wird dieses Mal selbst gejagt und von Hunden zerrissen, deren Namen mit der Geschichte einer wilden Zerreißung verbunden sind. Die Darstellung von Penthesileas Zerreißung von Achilles erfolgt in mehreren aufeinanderfolgenden Berichten und Mauerschauen, wodurch der Schwierigkeit der Darstellbarkeit von Wildheit Ausdruck verliehen wird. Dabei ist das Verhältnis zwischen Penthesilea und ihren Hunden besonders intrikat. Während die Oberpriesterin die Konjunktion „unter" wählt („Jetzt unter ihren Hunden wütet sie"[28]), womit ein kollektives Agieren angedeutet wird, fasst die Amazone Terpi das Verhältnis folgendermaßen:

25 Kleist: Penthesilea, S. 237.

26 Gabriele Brandstetter: Penthesilea. ‚Das Wort des Greuelrätsels'. Die Überschreitung der Tragödie. In: Walter Hinderer (Hrsg.): *Kleists Dramen*. Stuttgart: Reclam 1997, S. 75–115, hier S. 86. Grundlegend: Anthony Stephens: ‚Menschen / Mit Tieren die Natur gewechselt'. Zur Funktionsweise der Tierbilder bei Heinrich von Kleist. In: *Jahrbuch der Deutschen Schillergesellschaft* 36 (1992), S. 115–142.

27 Kleist: Penthesilea, S. 237: „Mit Hunden hat sie sie hinweggehetzt. / Als ich von fern der Rasenden nur nahte, / Gleich einem Stein, gebückt, mit beiden Händen, / Den grimmerfüllten Blick auf mich gerichtet, / Riß sie vom Boden auf – verloren war ich, / Wenn ich im Haufen nicht des Volks verschwand."

28 Ebd., S. 238.

„Penthesilea, / Sie liegt, den grimm'gen Hunden beigesellt, / Sie, die ein Menschenschoß gebar". Meroe nimmt das Adjektiv „beigesellt" in ihrem langen Bericht der Zerreißung wieder auf:

> Doch, hetz! Schon ruft sie: Tigris! Hetz, Leäne!
> Hetz Sphynx! Melampus! Dirke! Hetz, Hyrkaon!
> Und stürzt – stürzt mit der ganzen Meut', o Diana!
> Sich über ihn, und reißt – reißt ihn beim Helmbusch,
> Gleich einer Hündin, Hunden beigesellt,
> Der greift die Brust ihm, dieser greift den Nacken,
> Daß von dem Fall der Boden bebt, ihn nieder![29]

An dieser Stelle zeigt sich, dass es sich bei dem Vergleich Penthesileas mit einer Hündin, oder der metaphorischen Ersetzung Penthesileas durch eine Hündin nicht um eine bloße rhetorische Übertragung handelt, sondern dass beide durch die Übertragung nebeneinander aufgeführten Bereiche sich auch materiell so weit annähern, dass die Möglichkeit der Unterscheidung zunehmend erschwert wird. Penthesilea reiht sich durch ihre Teilhabe am Akt der Zerreißung gewissermaßen in den Hunde-Katalog ein, der hier auch formal wiederkehrt. Meroe benutzt in der Folge die Konjunktion „und" („Sie und die Hunde, die wetteifernden"[30]) und unterstreicht somit, dass Penthesilea Teil der Meute ist und die Zerreißung ein Akt kooperativer Wildheit. Zudem wird der mit der Wildheit verbundene Aspekt der Taubheit, die Crux der Jagdhunde, wieder aufgegriffen. In einem letzten sprachlichen Aufbäumen fragt Achilles Penthesilea danach, ob dies das versprochene Rosenfest sei, woraufhin sie ihm ihre Zähne in die Brust schlägt.

Wildheit und Herrschaft

Penthesileas Aktionen lassen sich einerseits durch eine Analogie zu Hunden beschreiben, andererseits agiert sie nicht nur *wie* eine Hündin, sondern auch *mit* Hunden zusammen. Es sind dabei nicht irgendwelche Hunde, die sie anruft, sondern Hunde, die für ihre Wildheit bekannt sind. Diese Wildheit der angerufenen Hunde wird vom Text durch Metaphorik und ihre materielle Dimensionen Penthesilea zugeschrieben. Es ließe sich mit Donna Haraway von einer

29 Ebd., S. 241.
30 Ebd.

materiell-semiotischen Verknotung sprechen.[31] Ebenso wie in *Penthesilea* die Hunde-Metaphorik theoretisch durchdacht wird, wird in ihr eine materiell-semiotische Verknotung offengelegt. Dabei wird gezeigt, auf welche Weise Penthesilea und ihre Doggen sich „gegenseitig formen“[32].

Penthesilea und ihre Hunde kooperieren auf eine Weise, die sich als Kollektiv bezeichnen lässt. Hieraus resultiert mindestens dreierlei: Erstens ist am Ende unklar, wie die Wildheit sich zu den politischen Ordnungen der Amazonen und der Griechen verhält. Dies impliziert zweitens, dass die politischen Ordnungen bzw. deren Verunsicherung das Ergebnis von verschiedenen Bedeutungsproduzenten (auch die Pferde und Elefanten wären zu berücksichtigen) und deren Kooperation ist. Drittens handelt *Penthesilea* demnach von der kollektiven Wildheit Penthesileas und ihrer Hunde und ihrer gemeinsamen Verunsicherung der kulturellen Ordnung.

Durch die gegenseitige Formung der Hunde und Penthesileas auf der Basis ihrer ihnen zugeschriebenen Wildheit wird demnach die Möglichkeit der Unterscheidung zwischen Zivilisation und Wildheit verkompliziert. Die Hunde-Metapher wird somit als eine Metapher aus dem Register der politischen Zoologie[33] vorgeführt. Die Involviertheit der Wildheit in die politische Ordnung war Kleist auch angesichts der verheerenden Folgen der französischen Revolution gegenwärtig, die Georg Büchner später in *Dantons Tod* (1835) darstellen sollte. Wildheit erweist sich in dem Moment als Teil der kulturellen Ordnung, als Penthesilea die mit Achilles verbundene Zerreißung ‚unter ihren Hunden‘ wiederholt und damit auf die Animalität zivilisatorischer Kriegspraxis hinweist. Es handelt sich demnach nicht um einen Konflikt zwischen dem kultivierten Griechenvolk auf der einen und einer Horde animalischer Amazonen auf der anderen Seite, sondern um eine „Mischung von Sittsamkeit und Wildheit“, die der Text verhandelt.[34]

31 Donna Haraway: *When Species Meet.* Minneapolis: University of Minnesota Press 2008, S. 4.

32 Donna Haraway: Die Begegnung der Arten. In: Roland Borgards / Alexander Kling / Esther Köhring (Hrsg.): *Texte zur Tiertheorie.* Stuttgart: Reclam 2015, S. 290–325, hier S. 295.

33 Anne von der Heiden / Joseph Vogl (Hrsg.): *Politische Zoologie.* Zürich / Berlin: Diaphanes 2007.

34 Bianca Theisen: Helden und Köter und Fraun. Kleists Hundekomödie. In: *Beiträge zur Kleist-Forschung* 17 (2003), S. 129–142, hier S. 129. Kleist selbst notiert

In *Penthesilea* werden demnach zum einen die Funktionsweise der Hunde-Metaphorik vorgeführt, zum anderen geschieht dies durch die metaphorische Engführung einer Hunden und Menschen gemeinsamen Wildheit, die die Charaktere des Trauerspiels gegen die Stimmen der bestehenden Ordnungen der Griechen und der Amazonen taub werden lässt. Es handelt sich um eine Wildheit, die Teil der kulturellen Ordnung ist: dies wird etwa in dem planmäßigen Anruf der wilden Penthesilea und der Hörigkeit ihrer Hunde deutlich. Wenn sie mit ihnen ein Kollektiv bildet, übernimmt sie nicht nur ihre Hörigkeit, sondern vor allem ihre potentielle Taubheit. Die Wildheit erscheint als monströse Fratze von Herrschaft, die taub wird.

angesichts seines Trauerspiels *Penthesilea* auf einem „Komödienzettel“: „Heute zum ersten Mal mit Vergunst: die Penthesilea, / Hundekomödie; Acteurs: Helden und Köter und Fraun.“ (Heinrich von Kleist: Komödienzettel. In: Ders.: *Sämtliche Werke und Briefe*, Bd. 3, S. 412.)

Poetik der Wildheit

Das wilde Tier im kanadischen Gegenwartsgedicht

Belinda Kleinhans

Das Tier als „distinctly Canadian“[1] steht in der kanadischen Imagination schon lange an zentraler Stelle. Dabei ist es vor allem das wilde Tier, das die literarische Vorstellung dominiert.[2] Was allerdings bedeutet die „Wildheit“ jener Tiere, insbesondere in der Literatur? Der kanadische Dichter Don McKay entwickelt in *Vis à Vis* eine Theorie für Wildheit und Dichtung, welche Wildheit vor allem in Bezug auf die menschliche Verwendung von Tieren beschreibt und sie als einen Bereich charakterisiert, der sich dem menschlichen, funktionalisierenden Zugriff widersetzt.

McKays Theorie fußt auf einer Auseinandersetzung mit der kontinentalen Philosophie des 20. Jahrhunderts und nimmt als Ausgangspunkt Martin Heideggers Konzept der Zuhandenheit. Heidegger entwickelt dieses im Zusammenhang der Zeugtheorie in *Sein und Zeit* und beschreibt das Zuhandensein als die Eigenschaft, welche ein Ding aus seinem bloßen Dasein, seiner Vorhandenheit, heraushebt und dem Menschen handlich und verfügbar macht[3]. Es ist also wesentlicher Aspekt eines funktionalisierten Zugriffs auf die Welt, welcher eine Art Werkzeug, etwas dem Menschen nützliches, in jedem Ding sucht. McKay wendet diese Blickweise auf unseren Umgang mit Tieren an und entwickelt daraus seine Naturpoetikkonzeption von Wildheit.

Die Theorie der Wildheit ist dabei zweiteilig: Zunächst diagnostiziert McKay den Umgang mit Tieren heutzutage und bezieht sich dabei auf materielle Existenz oder Körperlichkeit. Ausgehend von der Zurschaustellung des Kadavers eines toten Raben beschreibt McKay den Umgang mit Tieren vor allem in Kanada, wo Teile von toten,

1 Vgl. Gerald Lynch: Animal Stories. In: *Encyclopedia of Literature in Canada*, hrsg. v. William Herbert New. Toronto: University of Toronto Press 2002, S. 29–30.

2 Vgl. Ralph H. Lutts: *The Wild Animal Story*. Philadelphia: Temple UP 1998; John Sandlos: From Within Fur and Feathers: Animals in Canadian Literature. In: *Topia* 4 (2000), S. 73–91.

3 Vgl. Martin Heidegger: *Sein und Zeit*. Tübingen: Niemeyer 2001, S. 69.

wilden Tieren oft als Trophäen auf Kühlerhauben oder an Hauseingängen exponiert werden, als einen, welcher das Tier aus seinem unabhängigen Dasein herausreiße und es statt dessen im Sinne Heideggers „zuhanden“ mache. Grundlegend ist dabei unsere Beziehung zu „material existence“, die er mit dem Begriff „matériel“ beschreibt: Matériel ist

> any instance of second-order appropriation, where the first appropriation is the making of tool, or the address to things in the mode of utility [...]. To make things into tools in the first place, we remove them from autonomous existence and conscript them as servants, determining their immediate futures. To make tools into matériel, we engage in a further appropriation. This second appropriation of matter may be the colonization of its death [... or] a denial of death altogether.[4]

Die „second-order appropriation“ lässt sich weiter beschreiben als „the human attempt to extend the ego over death, in which the destruction of nature is the display of human mastery“[5]. Der Tod ist dabei ein zentraler Begriff, da er das Tier dem Menschen vollkommen zuhanden macht und das Tier sich nicht mehr widersetzen kann. McKay nutzt das Konzept von matériel dazu, die Praktiken, mit denen sich die Menschen die Welt untertan und „nutzbar“ machen, zu kritisieren.

Der Idee von matériel steht das Konzept von Wildheit entgegen, welche er als die „capacity of all things to elude the mind's appropriations“[6] bezeichnet. Hier zeigt sich nun die zweite Ebene in McKays Konzeption von Wildheit, die sich vor allem im abstrakten Bereich der Sprache und der Konzepte bewegt. Der Naturdichter kann die Autonomie des Objekts, „its rawness, its *duende*, its alien being“[7] durch „poetic attention“ in den Vordergrund rücken und sichtbar machen. Man kann sich Wildheit dann ähnlich wie Heideggers Unzuhandenheit vorstellen: Jedem Tier kommt bei McKay Wildheit zu, die sich in dem Entzug des menschlichen Zugriffs durch Sprache, aber auch durch Festlegbarkeit ausdrückt und die das Tier aus

4 Don McKay: *Vis à Vis. Fieldnotes on Poetry & Wilderness.* Wolfsville: Gaspereau 2001, S. 20.

5 Eugene Benson / Leonard W. Conolly (Hrsg.): *Encyclopedia of Post-Colonial Literatures in English.* New York: Routledge 2004, S. 998.

6 McKay: *Vis à Vis*, S. 21.

7 Ebd., Kursiv i. O.

dem matériel heraushebt und unzuhanden macht. McKay bezeichnet diesen Aspekt als *duende*, das er von dem spanischen Dichter Federico García Lorca entlehnt und das übersetzt so viel wie Authentizität und Seele bedeutet. Bei McKay ist *duende* dann immer der Teil der Welt, der sich dem menschlichen Bedürfnis nach Zuhandenheit widersetzt. „Duende is precisely that part of the world that cannot be reduced to what humans want from it“[8]. Wilde Dichtung, die *duende* sichtbar macht, ist „a sort of readiness, a species of longing which is without the desire to possess [...] and celebrates the wilderness of the other; it gives ontological applause“[9]. Anstatt das Andere in Besitz zu nehmen und dem eigenen Diskurs und Wissen untertan zu machen basiert poetische Aufmerksamkeit „on a recognition and a valuing of the other's wilderness; it leads to a work which is not a *vestige* of the other, but a *translation* of it.“[10]

Wildheit in der Dichtung sichtbar zu machen, ist eine besondere Herausforderung, da durch die literarische Verarbeitung, die Übersetzung in eine Repräsentation Natur, das Tier immer schon zu einem gewissen Grad anthropomorphisiert und in unserem „perspectival cage“[11] ist. Das wilde Tier in der Literatur kann jedoch auf die Existenz jenes Käfigs hinweisen. Die Gedichte versetzen dabei das Tier keineswegs in die Wildnis oder eine menschenlose Idylle, sondern betonen die Wildheit des Tieres gerade in unserem alltäglichen Umgang mit ihm. Ist dieser Umgang mit Tieren und Wildheit bei McKay recht gut erforscht, so lässt er sich auch auf andere kanadische Gegenwartsdichter anwenden, was bisher übersehen worden ist. Analysiert man die wilden Tiere, die zeitgenössische kanadische Gedichte von Don Domanski, Sandra Kasturi und Russell Thornton bevölkern, zeigt sich, dass sich diese Tiere den logozentrischen, allegorischen und metaphorischen Lesarten entziehen und einerseits auf den Käfig (der Sprache und des menschlichen Zugriffs) aufmerksam machen und gleichzeitig durch ihre Wildheit über ihn hinausverweisen.

8 Susan Fisher: ‚Ontological Applause.‘ Metaphor and Homology in the Poetry of Don McKay. In: Janice Fiamengo (Hrsg.): *Other Selves: Animals in the Canadian Literary Imagination.* Ottawa: University of Ottawa Press 2007, S. 50–66, hier S. 54.

9 Ebd., S. 26.

10 Ebd., S. 28, Kursiv i. O.

11 McKay: *Vis à Vis*, S. 99.

Russel Thornton kontrastiert *matériel* und *duende* in seinem Gedichtband *Birds, Metals, Stones & Rain*, indem er vor allem auf die Körperlichkeit des Tieres fokussiert. Die Begegnung mit dem Tier findet hier in einer urban-industriellen Umgebung statt. Die ehemals natürliche Umwelt ist durch den Eingriff des Menschen grundlegend verändert, wie das Gedicht *Nest of Swan's Bones* besonders deutlich macht:

> The crows pick at the waste on the asphalt.
> […]
> Where wild
> baby fish run, they run the gauntlet of penned fish. They are eaten alive,
>
> their eyes popping out as sea lice feed insight their heads.[12]

Die abfalldurchsuchenden Krähen und die ehemals wilden Fische, die nun Fischzuchtanlagen entsprechend zusammengepfercht ihrem Tod ausgeliefert sind, scheinen die Wildheit und den Subjektstatus des Tieres gerade zu negieren. Ihr Bereich ist das *Abject*, der Müll und jene Dinge, die ihre Nützlichkeit für den Menschen verloren haben.

Doch über dieser Szene, „high in the blue air above the dumpster in the back lane“[13], kreist ein Falke, „unnoticed“ und angezogen von der blendenden Weißheit eines wilden Schwans. Im Gegensatz zu dem nicht wahrgenommenen Tod der Fische, welche mit dem Abfall zusammenfallen und dementsprechend nicht einmal mehr *matériel* sind und somit lebend und unbetrauert gefressen werden, ist der Tod des Schwans durch den Falken kein Abfallprodukt, denn „the swan / glides in beauty in the hawk's sight, and fills all the hawk sees / […] The hawk hunts and kills the swan for love.“[14] Dieser Akt der Liebe hebt den Schwan aus einer Umwelt, welche Dinge und Lebewesen zu *matériel* macht und sie auf die Müllhalden verstößt, sobald sie nicht mehr nützlich sind, heraus.

Die menschliche Beziehung zur Umwelt im Gedicht ist von einer Suche nach Vergessen in „a bottle or syringe or pipe“[15] gezeichnet, und selbst das lyrische Ich, das sich an die ehemalige Wildheit der Umgebung noch erinnert, entkommt der eigenen Entfremdung

12 Russell Thornton: Nest of Swan's Bones. In: Ders.: *Birds, Metals, Stones & Rain*. Madeira Park: Harbour 2013, S. 16–17, hier S. 16.

13 Ebd.

14 Ebd., S. 16–17.

15 Ebd., S. 16.

nicht: Der Anruf der Konsumumgebung, bestimmt von *matériel* in „O monster home. O / specialty wine outlet. O auto mall“[16], verspottet den Anruf an die Natur, zu dem die Romantiker noch Zugang hatten.[17] Der Mensch hat die Möglichkeit verloren, die Natur anzurufen und hat sich selbst in einen Käfig aus *matériel* gesperrt, unter dem er leidet: „I am a person. I soil the cage in which my heart flings / and flings itself against the bars.“[18]

Diesem Dasein ist die Existenz des Falken gegenübergestellt, dessen Herz nicht in einem Käfig gefangen ist und der stattdessen aus den Knochen des Schwans (dem materiellen Käfig des Brustkorbs, in dem sich das Schwanenherz befand) einen Ort für neues Leben kreiert: „It will build a new / nest of swan's bones. It will keep this nest unseen“[19]. So entgeht auch der Schwan dem Schicksal des Abfalls und des *matériel*: Sein Körper wird durch den Falken dem Zugriff des Menschen entzogen, die somit seinen Tod nicht kolonisieren können, indem sie ihn zur Trophäe machen. Stattdessen wird der Schwan Teil eines größeren Kreislaufs. Das Schwanennest, das ungesehen bleiben wird, wird somit einem menschlichen Zugriff auf mehreren Ebenen entzogen: Der Schwan kann nicht zu *matériel* gemacht werden, da der Falke ihn wegnimmt, und als Nest kann der Schwan durch seine Unsichtbarkeit nicht sprachlich oder kognitiv vom Menschen besessen werden. Es fällt quasi aus dem Gedicht, dessen Titel es doch bestimmt, heraus und hebt somit die Wildheit des Falken und des getöteten Schwans hervor.

Wildheit, die bei Thornton in der Sprache gerade durch die Abwesenheit in dem „unseen“ zutage tritt, wird bei Domanski in einer Kritik der Lesbarkeit von Zeichen, die zwar sichtbar, aber dem Menschen unverständlich sind, thematisiert. Domanski rückt somit die „roles and limitations of *the human* as a species or as an individual mind“[20]

16 Thornton: Nest of Swan's Bones, S. 17.

17 Vgl. Zur Funktion des Anrufs in der romantischen Dichtung Helena Feder: Ecocriticism, New Historicism, and Romantic Apostrophe. In: Steven Rosendale (Hrsg.): *The Greening of Literary Scholarship: Literature, Theory, and the Environment.* Iowa City: University of Iowa Press 2002, S. 42–58.

18 Thornton: Nest of Swan's Bones, S. 16–17.

19 Ebd., S. 17.

20 David B. Goldstein: Poetry Review. Don Domanski Bite Down Little Whisper. In: *The Malahat Review* 186 (2014). http://malahatreview.ca/reviews/186reviews_goldstein.html (Zugriff am 21.05.2015), Kursiv i. O.

ins Zentrum. Auf eine Deutungswelt jenseits der menschlichen Kategorien verweist das Gedicht *Foresight by Earth*:

> deer are about   practicing geomancy   abiding in *foresight by earth*
> […]
> whitetails walk about studying the graphology of what's never written
> what's almost scripted below the hardpan   the almost of an eating world[21]

Die Aktivitäten wie Geomantie und Graphologie fallen in den Bereich des menschlichen Zeichen-Deutens und erinnern an das romantische Lesen einer Natursprache. Der Kontext macht deutlich, dass sie jenseits eines menschlichen Deutungssystems verweisen: Die beabsichtigten Leerstellen in der Gedichtzeile brechen den Lese- und somit auch den Deutungsfluss und halten somit die Bedeutung in der Schwebe. Zum einen lässt sich die erste Zeile so lesen, dass die Rehe selbst Geomantie praktizieren; dass die Tiere des Waldes den traditionellen menschlichen Bereich der Deutungszuschreibung besetzen. Zum anderen kann die Leerstelle aber auch als eine Zäsur gelesen werden, welche durch die Verwendung des *Present Progressive* das Deuten der Zukunft dann von seinem Subjekt trennt. In diesem Fall bleibt sowohl die Identität als auch die Spezieszugehörigkeit des Subjekts offen, und das Gedicht bleibt bei einer Feststellung: Rehe gibt es.

Die Tiere im Text sowie die Leerstellen verweisen damit nicht nur auf eine Wildheit des Tieres selbst, das uns unzugängliche Deutungen übt, sondern auch auf eine Wildheit der Sprache, welche sich ihrer Handhabbarkeit, die McKay mit dem Begriff *Apparatus* beschreibt, widersetzt und somit die Deutungsoffenheit und Unbestimmtheit offenbar werden lässt. Sprache ist durch ihre Ambiguität in diesem Fall nicht zuhanden, da Bedeutung nicht eindeutig kommuniziert wird. Stattdessen äußert sich hier die poststrukturalistische Poetik der Negativität, welche die „idea of presence […] as an extra-linguistic experience"[22] wieder einführt, die das menschliche Verständnis übersteigt. Die „Präsenz" findet sich auch in Domanskis *Ursa Immaculate*: „someone's sign language alone in the forest/ […] hieroglyphical

21 Don Domanski: Foresight by Earth. In: Ders.: *Bite Down Little Whisper.* London: Bricks Books 2013, S. 17–24, hier S. 19. Kursiv i. O.

22 Hugh Dunkerley: Translating Wilderness: Negative Ecopoetics and the Poetry of Don McKay. In: Stephanie Norgate (Hrsg.): *Poetry and Voice: A Book of Essays.* Cambridge: Cambridge Scholars 2012, S. 210–219, hier S. 211.

pheromones carried on the breeze"[23]. Wieder wird hier die Erfahrung einer Zeichensprache, die sich dem menschlichen Zugang entzieht und stattdessen dem Tier zugeordnet ist, thematisiert. Dies lässt sich einerseits als Wildheit, und andererseits als *negative ecopoetics* im Sinne Kate Rigbys[24] lesen: „[W]hat is given inevitably exceeds what can be grasped"[25].

Der nach der Zäsur folgende Bezug zu den Upanishaden, dem frühesten Text zu vielen zentralen Texten des Hinduismus, Buddhismus und Jainismus und zu dem Schlüsselkonzept der menschlichen Erlösung, verstärkt die biozentrische Perspektive weiter: „*I am food, I am food, I am food! I am the / Eater of food, I am the eater of food, I am the eater of food!*"[26] Der im Original enthaltene metaphysische Aspekt des Essens als Nahrung für das Bewusstsein wird hier durch die Präsenz der Tiere verändert. Man kann dies entweder auf der rein biologischen Ebene lesen: Manche Tiere sind Jäger, andere, wie der Hase und das Reh, Gejagte. Auf der metaphorischen Ebene wird das Tier jedoch plötzlich zum Subjekt mit Bewusstsein, da es nicht mehr nur Nahrung ist, sondern auch die (spirituelle) Nahrung verzehrt und sich gleichzeitig auch seines eigenen Objektstatus als Nahrung bewusst ist.

Die Vermischung von menschlichen Erkenntnisquellen und das gleichzeitige Aufzeigen ihrer Limitationen durch „declar[ing] such knowledge insufficient"[27] ist ein typischer Zug von Domanskis Gedichten. Sie bewegen sich somit von einer Sprachrealität zu dem Bereich von Fleisch und Blut, Jäger und Gejagtem, und spirituelle und körperliche Themen vermischen sich. Das „ich" in den zitierten Zeilen kann sich sowohl auf einen menschlichen Leser als auch auf das Tier im Text beziehen. Domanski rückt somit die menschliche Perspektive aus dem Mittelpunkt und macht darauf aufmerksam, dass Menschen und Tiere die gleiche essentielle Existenz teilen: „Of course the human is an animal too, and Domanski is at his most

23 Don Domanski: Ursa Immaculate. In: Ders.: *Bite Down Little Whisper*. London: Bricks 2013, S. 3-6, hier S. 3.

24 Vgl. Dunkerley: Translating Wilderness.

25 Kate Rigby: *Topographies of the Sacred: The Poetics of Place in European Romanticism*. Charlottesville: University of Virginia Press 2004, S. 8.

26 Domanski: Foresight by Earth, S. 19, Kursiv i. O.

27 Goldstein: Poetry Review.

arresting when considering the existential position of humanity as just another organism."[28]

Wie Domanski, so betont auch Kasturi die Grenzen menschlichen Wissens. Ein Rotschwanzbussard, der zuerst als Objekt wahrgenommen wird, widersetzt sich in *One Red Thought* den Versuchen des lyrischen Ichs, ihn zu verstehen: Der erste Fehleindruck „He must be tethered to something / because why would a hawk / sit so still"[29] wird in der nächsten Strophe korrigiert: „He is just thinking: / Hawk— // and I am irrelevant"[30]. Zum einen wird hier durch die Wiedergabe des Gedankeninhalts suggeriert, dass es dem Menschen möglich ist, zu wissen, was der Raubvogel denkt. Zum anderen macht das Wort „hawk" auf die Grenzen dieser Einsicht in die Gedanken eines Tieres aufmerksam: Es handelt sich nur um das Menschenlabel für dieses Tier und teilt jenseits seiner Speziesidentifikation nichts über den individuellen Vogel in diesem Moment mit. Der Gedankenprozess des Vogels verschließt sich dem Menschen, dem als Repräsentation nur die Sammelbezeichnung übrigbleibt. Im Sinne einer *negative ecopoetics* wird durch das Wort „hawk", das eben gerade keinen Gedankeninhalt des Tieres mitteilt, auch auf das „inevitable failure to adequately mediate the voice of nature"[31] hingewiesen: „Any poem should be a gesturing towards the ultimate unsayability of nature, the otherness of the non-human"[32]. Hier äußert sich ein Aspekt der Wildheit von Sprache, *duende*, das Aufwallen des anderen innerhalb der Sprache[33]: Obwohl es ein Wort für den Vogel gibt, so macht es ihn doch nicht zuhanden. Der Vogel bleibt authentisch und unzuhanden, er demonstriert somit seine „capacity […] to elude the mind's appropriations"[34].

28 Ebd.

29 Sandra Kasturi: One Red Thought. In: Dies.: *Come Late to the Love of Birds*. Barrie: Tightrope 2012, S. 25–27, hier S. 25.

30 Ebd., S. 26.

31 Kate Rigby: Earth, World, Text: On the (Im)possibility of Ecopoesis. In: *New Literary History* 33,3 (2004), S. 427–442, hier S. 437.

32 Dunkerley: Translating Wilderness, S. 213.

33 Vgl. Fisher: ‚Ontological Applause', S. 54.

34 McKay: *Vis à Vis*, S. 21.

Die Welt jenseits des Verstehens des Menschen, und somit die Wildheit jener Welt, wird in der Beziehung zwischen lyrischem Ich „with […] my city ways“[35] und dem Bussard sichtbar:

> This hawk that refuses me,
> Refuses to think
> One red thought
> about whether I could be
> Or not.
>
> For him
> There are no
> Cameras or shoes[36]

Der Gegensatz zwischen der „wilden“ Welt und einer dem Menschen zuhandenen, die aus *tools* wie Kameras und Schuhen besteht, tritt hier deutlich hervor. Die Weigerung des Bussards, den Menschen anzuerkennen, und das gleichzeitige Bedürfnis des lyrischen Ichs, „to feel him“[37], stellen einen ethischen Zugang zum Tier dar, der „acknowledge[s] otherness, to be humbled in our relationships with other species“[38]. Die Demut ist dabei das (An)erkennen der Wildheit und Andersartigkeit des Tieres, ohne es besitzen zu müssen.
Versuche, sich dem Tier zu nähern, und trotzdem seine Wildheit intakt zu lassen, finden sich auch in Thorntons *River Rainbow.* In einem kindlichen Spiel beschwört eine Zweijährige die Anwesenheit der Vögel herauf: „Looking up, / saying to the air *boohewun, boohewun* / for the dozens of gulls.“[39] Das Kind eignet sich im Benennungsspiel Adams Aufgabe an. Gleichzeitig macht das Gedicht auf die Problematik von Benennung aufmerksam: Wie McKay theoretisiert, kann ein Wort nicht ausreichen, die Komplexität eines anderen Wesens ganz in sich aufzunehmen, sondern versucht nunmehr, es „accessible to human intelligence“[40] zu machen. Eine Artenbezeichnung eignet sich in dem Fall das Tier zu einem Stück weit an, da spezifisches Wissen gleichzeitig kommuniziert wird und das Tier insofern für den Menschen handhabbar ist. Das Unsinnswort „boohewun“ ist ein

35 Kasturi: One Red Thought, S. 26.

36 Ebd.

37 Ebd.

38 Dunkerley: Translating Wilderness, S. 217.

39 Thornton: Nest of Swan's Bones, S. 37; Kursiv i. O.

40 Vgl. McKay: *Vis à Vis*, S. 64.

Versuch, dem Käfig der Sprache und der Bedeutungszuschreibungen zu entkommen und führt stattdessen Wildheit in das Gedicht ein: „It introduces the unnamable (that is, wilderness under the sign of language) into nomination“[41]. Anstatt das Tier festzulegen erhält das Rufen des Kindes nun eher den Charakter einer Beschwörung.
Wildheit als etwas, das jenseits von Sprache und auch Zuhandenheit liegt, findet sich in einer Beziehung von Mensch zu Tier auch im Menschen. Durch die Beschwörung der Vögel und die gleichzeitige Faszination tritt das Kind in eine Beziehung mit dem Tier ein, die man als Werden im Sinne von Gilles Deleuze und Félix Guattari beschreiben kann:

> Looking up at me
> with the gray blue of the river heron,
> one of its feathers fallen into her eyes[42]

beschreibt die Beobachtung der Allianz zwischen Kind und Tier aus der Elternperspektive – einem Tier, das bis zu dem Zeitpunkt in dem Gedicht abwesend ist. Dass sich erste Anzeichen des Tieres ausgerechnet in den Augen, im Volksmund dem Spiegel der Seele, finden, unterstützt den Aspekt des *duende* im ursprünglichen Sinn von „Seele haben“: Das Tier wird nicht als Objekt oder Spielzeug gesehen, sondern es entwickelt sich quasi aus der Kinderseele selbst und spiegelt in den Kinderaugen dann seine eigene Seele und Authentizität. Nach diesem flüchtigen Erhaschen der Farbe des Tieres in den Augen des Kindes kommt der Reiher zur Existenz: Das Kind

> Throws another
> and in her pupils the heron opens
> its wings and lifts to arc through the blackness
> lit blue. Now airborne over the water,
> draws the halo out into a rainbow.
> The gulls hosanna with their shrieks.[43]

Der Reiher tritt aus den Kinderaugen hinaus in die Welt, die Metapher verselbständigt sich und weist sowohl auf die Wildheit der Sprache als auch des Tieres selbst hin. Die „hosanna“-Rufe der Möwen verstärken die Annahme, dass der Reiher in einem religiösen Sinne

41 Ebd., S. 66.
42 Thornton: Nest of Swan’s Bones, S. 37.
43 Ebd.

dann auch eine Seele (*duende*) hat. Sie geben quasi den „ontological applause", der Dasein nur feiert, ohne besitzen zu wollen. Die enge Verbindung von Reiher und Kind macht darauf aufmerksam, dass Wildheit nur in der Faszination entstehen kann. Andernfalls gäbe es diesen Reiher nicht. Die Existenz des Reihers und des Kindes bedingen sich von diesem Augenblick an gegenseitig: „a messenger / carrying to her a name for a rainbow, / a heron, and bringing her a heron's blue"[44]. Die Benennung der Welt wird durch das Tier angeregt. Darin zeigt sich, wie Sprache, Wildheit und das Andere sich gegenseitig beeinflussen. Tier und Mensch erscheinen als voneinander abhängig, und das „'I' disappears or is reduced to otherness […] transhuman consciousness"[45].

Tiergedichte, welche diese Poetik der Wildheit und eine *negative ecopoetics* praktizieren, gehen von einem Wissen *über* Tiere zu einer Poetik der Stille oder der Leerstellen über, die in unserem Wissen eingebettet sind. Sie produzieren somit eine Art von poetischer Wildheit, welche aus dem Käfig der Sprache auf ein anderes Dasein der Tiere verweist. Gleichzeitig wird auf ein mögliches Wissen der Tiere hingewiesen, das unsere eigene anthropozentrische Perspektive erschüttert. Kasturi zeigt dies in *The Evolution of Birds*, in dem „sharks have the deep haiku of the ocean [] [and the] birds have […] stories of us"[46]. Die Macht der Kunst und Geschichtsschreibung wird hier den Tieren zugeschrieben, welche uns zum Objekt machen. Das Gedicht referiert auch den evolutionären Prozess vom Dinosaurier zum Vogel, „they dropped their scales"[47], welcher uns einerseits an den Unterschied der Arten erinnert, gleichzeitig jedoch auch von Mensch und Tier geteilte Geschichte im evolutionären Prozess anspricht. Evolution und Geschichte der Spezies werden hier poetisch in eine Geschichte des Wissens umgeformt:

> birds knew of our coming;
> could sense our soft limbs millennia ahead,
> could sense our drab colours and dull teeth,
> our nothing lives.[48]

44 Thornton: Nest of Swan's Bones, S. 37.

45 Don Domanski: *Earthly Pages. The Poetry of Don Domanski.* Waterloo: Laurier 2007, S. 55.

46 Kasturi: One Red Thought, S. 17.

47 Ebd.

48 Ebd.

Das Wissen der Vögel erschüttert anthropozentrische Geschichtsschreibung und Wissensdiskurse und erinnert an den beständigen Evolutionsprozess. Es fordert damit auch „scientism [as] […] extended and manifested in a monolithic conception of how humans know about themselves and about the world around them“[49], heraus. Die Beschreibung der Menschen als Träger von „drab colours“, „dull teeth“ und „nothing lives“ im Gedicht sowie der Hinweis darauf, dass Vögel sich an uns erinnern werden, „when we'll be gone again / and it is just them“[50], lenkt die Aufmerksamkeit auf die Tatsache, dass Menschen nur ein kleiner Teil der Welt sind und dass andere Spezies, wie die Vögel, uns durchaus überleben könnten. Die spielerische Verwendung der Evolution erzielt einen Verfremdungseffekt, in dem „we encounter the momentary circumvention of the mind's categories to glimpse some thing's autonomy“[51].

Es ergibt sich somit eine poetische Konzeption von Wildheit, die nichts mit der Art- oder Spezieszugehörigkeit oder dem Lebensraum des jeweiligen Lebewesens zu tun hat, sondern viel mehr mit der Art von Aufmerksamkeit und Aneignung, die wir dem Tier entgegenbringen. Was die Tiere in den Texten sowie die Texte selbst „wild“ macht, ist dabei ihre Offenheit und ihr „withdrawal from consensus reality“[52] durch das „emptying of preconceived ideas“[53].

49 Star A. Muir: Towards an Ecology of Language. In: Bernard L. Brock (Hrsg.): *Kenneth Burke and the 21st Century*. Albany: State University of New York Press 1999, S. 35–70, hier S. 35.

50 Kasturi: One Red Thought, S. 18.

51 McKay: *Vis à Vis*, S. 21.

52 Domanski: *Earthly Pages*, S. 55.

53 Ebd., S. 57.

Mediale und praxeologische Herstellung von Wildheit

Wildheit als Naturalisierungseffekt

Zur Medialität und Rhetorik von Johann Elias Ridingers und Barthold Heinrich Brockes' Wolfsdarstellungen

Alexander Kling

I.

Die frühaufklärerische Lyrik von Barthold Heinrich Brockes (1680–1747) ist nicht dafür bekannt, sich Gegenständen zu widmen, die mit dem Attribut der Wildheit ausgestattet sind. „Brockes wählte", so Hans Blumenberg in Anlehnung an Johann Gottfried Herder, „den Garten zu seinem Hof."[1] Die von Blumenberg festgestellte Fokussierung auf den Garten heißt nun aber nicht, dass Brockes' Lyrik ausschließlich auf gezähmte Dinge ausgerichtet ist – gerade seine Tiergedichte belegen ein ausgesprochenes Interesse an exotischen und heimischen, wilden und gezähmten Tieren gleichermaßen. Brockes' Lyrik gilt als „Deskriptionspoesie"[2]; die lyrische Sprechinstanz betrachtet die thematisierten Gegenstände und stellt sie dem Leser mittels einer präzisen *Ekphrasis* vor Augen, um sie schließlich – entsprechend der zeitgenössischen Strömung der Physikotheologie[3] – als Zeichen für die Allmacht Gottes auszuweisen. Wie wiederum an den Tiergedichten deutlich wird, orientiert sich Brockes mit seiner Deskriptionspoesie an der Malerei: Eine Vielzahl der Tiergedichte in Brockes' neunbändigem Hauptwerk *Irdisches Vergnügen in Gott, bestehend in Physicalisch- und Moralischen Gedichten* (1721–1748) sind in direkter Auseinandersetzung mit den Bildern des Tiermalers Johann Elias Ridinger (1698–1767) entstanden. Zum Teil sind diese Gedichte auch direkt auf Ridingers Bildern abgedruckt, wie etwa in der Kupferstichserie *Betrachtung der wilden Thiere mit beigefügter vortrefflicher Poesie des*

1 Hans Blumenberg: *Die Lesbarkeit der Welt*. Frankfurt am Main: Suhrkamp 1986, S. 181.

2 Uwe-K. Ketelsen: *Die Naturpoesie der norddeutschen Frühaufklärung. Poesie als Sprache der Versöhnung: alter Universalismus und neues Weltbild*. Stuttgart: Metzler 1974, S. 27.

3 Vgl. zur Physikotheologie Stefan Lorenz: Art. Physikotheologie. In: *Historisches Wörterbuch der Philosophie*, Bd. 7, hrsg. v. Joachim Ritter. Basel: Schwabe 1989, Sp. 948–955.

hochberühmten Barthold Heinrich Brockes (1736), dem auch das im Folgenden zur Untersuchung stehende Wolfsbild entstammt.

Brockes hat in Ridingers Bildern ein Pedant zu seiner Deskriptionspoesie erkannt: „Wir beschreiben alle beide, / Gott zur Ehr, und uns zur Freude, / Das so schöne Welt-Gebäude / Ich mit Dinte, du mit Kreide."[4] Ridinger und Brockes ist nach diesen Versen gemeinsam, dass sie in unterschiedlichen Medien, „Dinte" und „Kreide", aber doch auf gleiche Weise die gesamte Schöpfung, das „schöne Welt-Gebäude", zum Genuss der Rezipienten und zur Ehre Gottes abbilden. Ridinger gilt als der bekannteste Tiermaler des 18. Jahrhunderts; vor allem zwei biographische Aspekte machen die für seine Werke typische Konstellation von Betrachtung und Abbildung einsehbar: Zum einen stand Ridinger mit verschiedenen Fürstenhöfen in Verbindung und konnte sich so deren „Reitschul und Jägerey" für seine Malerei „zu Nutze" machen.[5] Die Anbindung an Fürstenhöfe ermöglicht es Ridinger also, Tiere im Kontext unterschiedlicher kultureller Praktiken – etwa in Tiergärten oder bei der Jagd – zu observieren und abzuzeichnen. Zum Zweiten setzt Ridinger sein künstlerisches Selbstverständnis in seinen Werken gezielt in Szene: Ein von seinem Sohn Martin Elias Ridinger nach seiner Vorlage gestochenes Porträt (1767; Abb. 1) zeigt ihn mit seiner Staffelei im Wald sitzend; auf der Staffelei ist ein Hirsch abgebildet. Ridinger, so die Aussage des Bildes, sucht die Tiere in der Wildnis auf, um auf diese Weise ihre Gestalt und Lebensweise möglichst authentisch in Kunst zu überführen. Das ganze Setting suggeriert, so Ellen Spickernagel, der abgemalte Hirsch habe dem Künstler „Modell gestanden".[6]

Ridinger inszeniert sich als Kopist der Natur, doch ausgerechnet das Porträt ermöglicht auch eine Gegenlektüre zu diesem

4 Johann Elias Ridinger: *Betrachtung der wilden Thiere mit beigefügter vortrefflicher Poesie des hochberühmten Barthold Heinrich Brockes.* Aug[ustae] Vind[elicorum] 1736. Die Verse finden sich auch in Barthold Heinrich Brockes: *Irdisches Vergnügen in Gott, bestehend in Physicalisch- und Moralischen Gedichten. Sechster Theil. Nebst einer Vorrede zum Druck befördert von B. H. Brockes.* Hamburg: Christian Herold 1740, S. 216.

5 Georg August Wilhelm Thienemann: *Leben und Wirken des unvergleichlichen Thiermalers und Kupferstechers Johann Elias Ridinger mit dem ausführlichen Verzeichnis seiner Kupferstiche, Schwarzkunstblätter und der von ihm hinterlassenen grossen Sammlung von Handzeichnungen.* Leipzig: Rudolf Weigel 1856, S. XIV.

6 Ellen Spickernagel: Dem Auge auf die Sprünge helfen. In: Annette Bühler-Dietrich / Michael Weingarten (Hrsg.): *Topos Tier. Neue Gestaltungen des Tier-Mensch-Verhältnisses.* Bielefeld: Transcript, im Erscheinen.

Abb. 1: Martin Elias Ridinger nach der Komposition von Johann Elias Ridinger: *Selbstporträt im Wald* (1767). Kupferstich. 32,5 x 23,0 cm (mit Schrift).

Kunstprogramm: Das Wild selbst ist abwesend und an dessen Stelle ist die Staffelei getreten. Mit Michel Foucault ließe sich sagen, dass das Bild weniger eine getreue Abbildung der Natur, sondern eher eine „Repräsentation der klassischen Repräsentation“ zu erkennen gibt.[7] Einerseits könnte man die Abwesenheit des Originals so erklären, dass der Modell stehende Hirsch nach der Fertigstellung des Bildes den Schauplatz der Kunstproduktion verlassen hat. Andererseits aber ist ein solches Verständnis problematisch, da die Staffelei exakt an der Stelle platziert ist, die auf dem Bild im Bild der Hirsch einnimmt. Das Bild im Bild ist somit keine Nachahmung, sondern ein Supplement des Originals, und erst das Zusammenspiel von Bild und Bild im Bild bringt eine Repräsentation hervor, die den zu zeigenden Gegenstand, das Wild, in seiner natürlichen Umgebung, der Wildnis,

7 Michel Foucault: *Die Ordnung der Dinge. Eine Archäologie der Humanwissenschaften.* Frankfurt am Main: Suhrkamp 1974, S. 45.

sichtbar macht. Die Bild-im-Bild-Komposition subvertiert somit das Kunstprogramm einer Naturnachahmung und legt die Konturen eines medial hergestellten Naturalisierungseffekts frei. Im Folgenden soll nun danach gefragt werden, wie auch im Fall des Wolfsbildes aus der Serie *Betrachtung der wilden Thiere* zum einen das Programm einer Naturnachahmung medial und rhetorisch hergestellt wird und wie sich dieses Programm zum anderen mittels einer Lektüre gegen den Strich unterlaufen lässt. Mit den Wölfen steht dabei ein paradigmatisches Exempel für Wildheit zur Diskussion: Wie kaum ein anderes Tier wurden die Wölfe vonseiten der menschlichen Zivilisation als Verkörperungen einer feindlichen Wildnis verfemt, bekämpft und schließlich nahezu ausgerottet.[8]

II.

Wie alle anderen Bilder der Serie *Betrachtung der wilden Thiere* besteht auch das Wolfsbild (Abb. 2) aus drei Elementen: erstens Ridingers Bild selbst, zweitens Brockes' Versen und drittens einer in drei Sprachen (Deutsch, Französisch, Latein) angeführten Sentenz, die dem Betrachter ein Wissenselement über das dargestellte Tier vermittelt: „Wölffe von 3. bis 4. Jahren und ausgewachsenen Alter haben auf einmahl 8. bis 9. Junge, leben bis 20. Jahr."[9] Die Wissenssentenz ist als eine neutrale und objektive Aussage gestaltet, die keine moralische oder ästhetische Bewertung der Wölfe enthält, aber das Bild anschlussfähig macht für den zoologisch-wissenschaftlichen Diskurs.

Versucht man sodann Ridingers Bild zu beschreiben, ohne dabei die wertende Begrifflichkeit zu reproduzieren, wie sie Brockes' Verse prägt, kann Folgendes festgehalten werden: Im Vordergrund befinden sich fünf Wölfe; alle fünf Wölfe sind mit geöffnetem Mund abgebildet; vier Wölfe liegen flach oder halb aufgerichtet auf der rechten Seite in einer Gruppe versammelt; der Wolf links steht einzeln im Profil mit leicht zum Betrachter gedrehtem Kopf; der Bildhintergrund besteht aus einer felsigen Gebirgslandschaft mit schwach ausgeprägter Vegetation; andere Tiere sind ebenso wenig auf dem Bild enthalten wie Spuren von menschlichen Kultureinrichtungen.

Brockes' Verse lauten schließlich folgendermaßen:

8 Vgl. hierzu meine Doktorarbeit unter dem Arbeitstitel *Unter Wölfen. Geschichten der Zivilisation und der Souveränität vom 30-jährigen Krieg bis zur Französischen Revolution*. Die Publikation ist für 2016 geplant.

9 Ridinger: *Betrachtung der wilden Thiere*, Bl. 21.

Abb. 2: Johann Elias Ridinger: *Wölffe von 3. bis 4. Iahren und ausgewachsenen Alter haben auf einmahl 8. bis 9. Iunge, leben bis 20. Iahr.* Kuperstich. 34,5 x 42 cm.

[Die Wölfe]

Welchen wild= und öden Ort, welche grause Wüsteney,
füllt hier ein nicht minder wild= und entsetzliches Geschrey,
ein abscheuliches Geheul! Welch ein grimmig Klag=Gethön
kan man, in 5. offnen Rachen, fleisch=begierger Wölfe sehn
ja mich deucht, ich sehe gar, an verschiednen schroffen Stellen
Dieser Klippen=reichen Gegend, selbst die felsen wiederbellen.

So natürlich ist die Stellung, so lebendig die Figur
dieser Thiere vorgestellt, und die felsigte Natur,
das man fast ein Echo höhrt; man vermeint hier, nicht die Stimm
nur zu höhren und zu sehn; man sieht nicht nur Wuth und Grimm,
In den tückisch=schielen Augen, welches ein paar Strich uns weist,
man sieht gar, in schwarzen Cörpern, selbst der Wölfe schwarzen Geist.
Machet dies denn nicht aufs neue, wie der menschliche Verstand
fast zu wundern fähig sey; unserm Gott zum Ruhm bekannt?[10]

10 Ebd. Das Gedicht ist auch abgedruckt in Brockes: *Irdisches Vergnügen in Gott*, Bd. 6, S. 229. Hier findet sich auch der Titel „Die Wölfe“, der auf dem Bild in der Serie *Betrachtung der wilden Thiere* nicht angeführt wird.

Brockes' Gedicht besteht aus vier Abschnitten. Erstens markiert der Titel „Die Wölfe“ den thematisierten Gegenstand. Die Wahl des bestimmten Artikels – denkbar wäre z. B. auch ‚Fünf Wölfe‘ – lässt die beschriebenen Wölfe exemplarisch für *alle* Wölfe einstehen, was auch mit der zoologischen Wissenssentenz korrespondiert, die ebenfalls der Fortpflanzung und Lebensdauer *aller* Wölfe gilt. Die besonderen fünf Wölfe verkörpern also die Wölfe im Allgemeinen, so dass alles, was über sie gesagt wird, auf sämtliche Wölfe zutrifft.

Der zweite Abschnitt besteht aus den im Bild links abgedruckten ersten sechs Versen. Thema dieser Versgruppe ist das Zusammenspiel von Umwelt und Wölfen, Lebensraum und Lebewesen. Der anaphorische Parallelismus des ersten Verses verwendet zunächst das neutrale Substantiv des „Ort[s]“ und konkretisiert diesen dann als „Wüsteney“. Die im ersten Teil des Verses dem „Ort“ beigestellten Adjektive beschreiben diesen wertend als „[w]ild“, also als nicht gezähmt und unkultiviert, und „öde[]“, also als Ort der Leere und des Mangels. Das im zweiten Teil des Verses gebrauchte Adjektiv („grause“) wendet sodann die wertende Beschreibung zu einer affektiven Wirkung auf den Betrachter – die „Wüsteney“ erzeugt im Betrachter ein Gefühl des Grauens. Während diese Wirkung auf den Betrachter noch durch das Gesehene ausgelöst wird, schildert der zweite Vers eine sinnliche Erfahrung, die im Bild unmöglich darstellbar ist: Das Grauen der wilden und öden Gegend maximiert sich dadurch, dass diese „[er]füllt“ wird von einem „wild=und entsetzliche[n] Geschrey“. Mit dieser Aussage, auch der Paarreim von „Wüsteney“ und „Geschrey“ gibt das zu erkennen, werden die Wildheit des Ortes und die Wildheit des Sounds aufeinander bezogen und beide gleichermaßen („nicht minder“) als Generatoren von Grauen und Entsetzen apostrophiert. Der Ausruf des dritten Verses („ein abscheuliches Geheul!“) greift das Ende des zweiten Verses unter einer semantischen Verschiebung wieder auf: Das anthropomorphe „Geschrey“ wird durch ein animalisches „Geheul“ ersetzt; zugleich verwandelt sich dabei das Gefühl der Entsetzens zu einem Gefühl des Ekels („abscheulich[]“). Verbunden durch ein Enjambement sowie den unreinen Paarreim von „Klag=Gethön“ und „sehn“ formulieren der dritte und vierte Vers den Grund, warum sich bei der Betrachtung eine synästhetische Erfahrung einstellen kann – die Ursache liegt in den „5. offnen Rachen“ der „fleisch=begierge[n]

Wölfe". Erst hier, im vierten Vers, wird die Geräuschkulisse auf ihre Produzenten, die Wölfe, zurückgeführt und weiter präzisiert – so artikuliert das „grimmig Klag=Gethön" eine Begierde nach Fleisch. Im fünften und sechsten Vers gibt sich nun die lyrische Sprechinstanz zu erkennen. Erneut wird dabei die synästhetische Erfahrung betont – die Sprechinstanz vermeint zu sehen, dass die Felsen die von den Wölfen ausgelöste Geräuschkulisse „wiederbellen". Mit dieser Aussage wird endgültig ein Korrespondenzverhältnis zwischen Umwelt und Wölfen etabliert: Dient die „grause Wüsteney" und dessen Echo als Hervorhebung und Verstärkung für das wölfische „Geschrey", ist es umgekehrt die von den Wölfen ausgehende Akustik, die der Umwelt ein bedrohliches Eigenleben verleiht – derart rhetorisch aufeinander bezogen, verschmelzen Umwelt und Wölfe zu einer wilden, verlebendigten Einheit.

Der dritte Abschnitt des Gedichts, bestehend aus den sechs Versen 7 bis 12, setzt mit der abermaligen Verwendung eines anaphorischen Parallelismus mit der Betonung von Natürlichkeit („So natürlich ist die Stellung") und Lebendigkeit („so lebendig die Figur") ein und gibt dabei jetzt zu erkennen, dass es sich beim Referent des bisher Beschriebenen nicht um einen Naturgegenstand, sondern um ein Bild handelt, mit dem „Thiere" und „felsigte Natur" „vorgestellt" werden. Natürlichkeit und Lebendigkeit erweisen sich dabei als ästhetische Bewertungskategorien, die die Qualität des betrachteten Kunstwerks unterstreichen. Das Lob von Kunstwerk und Künstler ist auch das Thema der weiteren Verse: Vers 9 greift nochmals die synästhetische Erfahrung mit der Feststellung auf, dass es dem Bild gelingt, den sehenden Betrachter glauben zu machen, das nichtsichtbare „Echo" des ebenfalls nicht-sichtbaren Wolfsgeheuls zu hören. Klimatisch setzen dann die Verse 9 bis 12 mittels einer repetitiven Verneinungsfolge („nicht nur") die Hervorhebung der künstlerischen Fähigkeit fort, das Nicht-Sichtbare sichtbar zu machen: Man meint „nicht nur", die „Stimm" der Wölfe zu hören; und man sieht im Dargestellten bzw. in einem mit wenigen Pinselstrichen angefertigten Detail des Dargestellten – den „tückisch=schielen Augen" – „nicht nur" die moralisch verwerflichen Eigenschaften der Wölfe („Wuth und Grimm"). Über die dunkle Außenseite der Tiere gibt das Bild „gar" deren Inneres, ihren „schwarzen Geist" zu erkennen. Hier, in der Sichtbarmachung des „schwarzen Geist[es]" liegt sowohl der

Höhepunkt als auch das Ende der künstlerischen Darstellungskunst: Einerseits schafft es das Bild, das Innere der abgebildeten Tiere als ‚schwarz' zu kennzeichnen. Andererseits stößt die Darstellung mit diesem ‚schwarz' an ihre Grenze – im Dickicht der im Inneren der Wölfe liegenden Wildnis erlischt selbst der illuminierende Blick des begabtesten Künstlers.
Da sich Brockes' Verse mit der Emphase des Sehens als Beschreibung des Bildes Ridingers gerieren, müssen diese zwangsläufig mit den Grenzen der bildlichen Repräsentation zum Erliegen kommen. Der vierte Abschnitt, bestehend aus den Versen 13 und 14, springt dementsprechend vom besonderen Bild auf die Ebene einer allgemeinen Reflexion über das Abbilden und formuliert von hier aus eine belehrende Sentenz: Das Demonstrativpronomen „dies" zu Beginn des 13. Verses verweist zurück auf die zuvor beschriebenen Möglichkeiten der Kunst, die Natur abzubilden und dabei noch das Nicht-Sichtbare sichtbar zu machen. Dass ein solches „[W]under[]" erbracht werden kann, wird im letzten Vers zu einem Lob Gottes gewendet, der dem Menschen mit dem „Verstand" die notwendige Gabe geschenkt hat, in Kunstwerken – etwa in Ridingers Bild und Brockes' Text – die göttliche Schöpfung zu duplizieren. Unter diesen Bedingungen ist jedes die göttliche Schöpfung nachahmende Kunstwerk schön, selbst wenn es, wie das Wolfsbild, einen wilden, abscheulichen, tückischen und schwarzen Gegenstand zur Anschauung bringt – die Rahmung durch das Kunstwerk ermöglicht noch bei einem verfemten Gegenstand wie dem Wolf einen ästhetischen Genuss.

III.

Die von Brockes immer wieder betonte Natürlichkeit der Darstellung entspricht sowohl seiner Deskriptionspoesie als auch Ridingers künstlerischem Selbstverständnis. Dieses ‚offizielle' Kunstprogramm lässt sich nun aber anhand einer Lektüre gegen den Strich in zweierlei Hinsicht problematisieren. Erstens stellt sich die Frage, ob Ridinger die Wölfe tatsächlich so gesehen hat, wie sie im Bild dargestellt werden. In Ridingers *Ouevre* findet sich eine Vielzahl von Bildern, die unterschiedliche Methoden der Wolfsjagd darstellen. Auf dieser Grundlage sowie mit Blick auf seine Anbindung an verschiedene Fürstenhöfe kann vermutet werden, dass Ridinger an Wolfsjagden teilgenommen hat. Höchst unwahrscheinlich aber ist es, dass er – wie im programmatischen Porträt nahegelegt – mit seiner Staffelei die Wölfe in ihrer natürlichen Umwelt aufgesucht hat. Denkbar wäre indessen, dass er die Wölfe in höfischen Tiergärten observieren und studieren konnte – dann aber gerade nicht in einer wilden, sondern einer künstlich angelegten Natur. Dies wiederum erlaubt einen spekulativen Befund: Das Wolfsbild zeigt keine natürliche Wildnis, vielmehr befinden sich die Wölfe in einer in Tiergärten simulierten Wildnis, deren Simulationscharakter aber im Bild durch die Nicht-Darstellung des Geheges verdeckt wird.

Zweitens wird das von Ridinger und Brockes anvisierte Kunstprogramm auch anhand des Zusammenspiels von Bild und Text problematisch: Es lässt sich fragen, was von Brockes vermeintlich beschreibenden Versen tatsächlich auf dem Bild zu erkennen ist. Die felsige Landschaft erscheint auf dem Bild zwar als Wildnis, doch wird diese erst in den Versen zu einem Ort, der Grauen und Ekel hervorruft; die Wölfe haben zwar ihre Münder geöffnet, doch dass es sich bei diesen Mündern um die „Rachen […] fleisch=begierger Wölfe" handelt, ist auf dem Bild ebenso wenig zu sehen wie ein „entsetzliches Geschrey" und ein „abscheuliches Geheul" sowie deren „Echo" in Form eines „[W]iederbellen[s]" der Felsen. Weiterhin weisen zwar einige der abgebildeten Wölfe eine bedrohliche Mimik auf, doch machen erst Brockes' Verse die Augen zu „tückisch=schielen", die auf „Wuth und Grimm" verweisen. Und ebenfalls erst durch den Text wird die Äußerlichkeit der „schwarzen Cörper[]" zum Zeichen für den im Inneren liegenden „schwarzen Geist".

Weder zeigt Ridingers Bild die Wölfe in ihrer natürlichen Umwelt noch sind Brockes' Verse eine ins Medium der Schrift überführte Kopie von Ridingers Bild. Stattdessen „kadrier[t]", „selektier[t]" und „interpretier[t]" das mediale und rhetorische Dispositiv von Ridingers „Dinte" und Brockes' „Kreide" das von ihnen Dargestellte durch Rahmungs- und Zuschreibungspraktiken. „Eine Interpretation", so Jacques Derrida, „tut, was sie sagt, während sie gleichzeitig vorgibt, eine von ihr unabhängige Realität bloß auszusagen, zu zeigen oder zu übermitteln. Tatsächlich ist die Interpretation produktiv und in gewisser Weise immer schon performativ."[11] Ridinger interpretiert

11 Jacques Derrida: *Eine gewisse unmögliche Möglichkeit, vom Ereignis zu sprechen*, aus d. Franz. v. Susanne Lüdemann. Berlin: Merve 2003, S. 23.

die Wölfe, indem er sie in eine vermeintlich natürliche Umwelt setzt, die er so allenfalls in künstlich angelegten Tiergärten gesehen haben kann; Brockes interpretiert Ridingers Bild, indem seine Verse die Betrachtung des Bildes auf eine bestimmte Lesart festlegen, die vom Bild in dieser Form nicht gefordert wird. Gemeinsam ist Ridinger und Brockes also, dass sie sich auf eine vorausgehende Natur – eine „unabhängige Realität" – berufen und sie so das kulturell Gemachte der Darstellung und des Dargestellten unkenntlich machen. Der von Derrida angezeigte performative Zug ergibt sich damit aus einem Naturalisierungseffekt: Nach diesem sind alle Aussagen, die über die Wildnis und die Wölfe formuliert werden – das heißt sämtliche moralischen und ästhetischen Disqualifikationen –, keine von der menschlichen Zivilisation aus getroffenen und somit kontingenten Zuschreibungen. Stattdessen handelt es sich um Eigenschaften, die Wildnis und Wölfen von Natur aus zukommen und als solche vom Menschen ausgesagt, gezeigt und übermittelt werden können.

IV.

Die im Wolfsbild artikulierte Verfemung der Wölfe entspricht deren zeitgenössischer Wahrnehmung in der Mitte des 18. Jahrhunderts. So beschreibt etwa Georges-Louis Leclerc de Buffon in seiner *Histoire naturelle* den Wolf folgendermaßen: „Schlecht von Miene, wild von Ansehen, furchtbar durch seine Stimme, unerträglich dem Geruche, verdorben am Naturell und ungezähmt in seinen Sitten, ist er allen lebenden Geschöpfen ein Anstoß, schädlich in seinem Leben, und unnütz auch nach dem Tode."[12] Auch bei Buffon findet sich eine moralische und ästhetische Disqualifikation der Wölfe. Allerdings unterscheiden sich Buffons Ausführungen von Ridingers und Brockes' Wolfsbild dadurch, dass sie anders als dieser die Disqualifikation der Wölfe nicht zum Anlass nehmen, deren Ausrottung zu fordern. Anstatt Wildnis durch Kulturtechniken auszutreiben, gewinnen Ridinger und Brockes der Wildnis *als* Wildnis einen ästhetischen Genuss ab und unterstellen die Wölfe so auch einem kulturellen Nutzen, den dagegen Buffon entschieden zurückweist. Dieser Genuss wiederum trägt einen kulturhistorischen Index, der in dieser Form von Ridinger

12 *Herrn von Buffons Naturgeschichte der vierfüßigen Thiere.* Mit Vermehrungen aus dem Französischen übersetzt. Vierter Band. Berlin: Joachim Pauli 1776, S. 82.

und Brockes nicht reflektiert wird: Ihrer Zielsetzung, dem Betrachter Wildnis und Wölfe naturgetreu vor Augen zu stellen, ist ein memorierendes Moment eingeschrieben[13] – Bild und Verse widmen sich mit Wildnis und Wölfen Gegenständen, die im 18. Jahrhundert am Verschwinden sind. Damit erweisen sich Bild und Verse im Sinne von Jean Baudrillard als Simulakren, die als solche die „Agonie des Realen“ kenntlich machen. Von dieser Überlegung aus lässt sich vielleicht auch eine pessimistische Lesart der heute gefeierten und zur zivilisatorischen Selbstreflexion genutzten Wiederkehr der Wölfe formulieren: Ist Ridingers und Brockes' Wolfsbild ein Simulakrum, das noch als solches zu erkennen ist, handelt es sich dagegen bei der Wiederkehr der tatsächlichen Wölfe um ein „totales Simulakrum, das sich durch eine vollständige Drehung um 360 Grad wieder der ‚Realität' anschließt“ und dementsprechend als *hyperreal* zu bezeichnen ist.[14] Die Repatriierung der Wölfe ist aus dieser Perspektive ein „Trick“ der Zivilisation, „denn man kann sich nun den Anschein geben, es sei nichts passiert und somit die rückwärts gerichtete Halluzination genießen.“[15] Dieses Genießen der Zivilisation an dem durch mediale und rhetorische Praktiken einverleibten Anderen *als* Anderer kündigt sich bei Ridinger und Brockes bereits mit der Feier des die Wildheit nachahmenden Künstlers an. Mit Baudrillard aber wäre dieses Genießen als eine „symbolische Ausrottung“ zu lesen, die in einer „grauenvollen Verhöhnung“ die tatsächliche Ausrottung wiederholt.[16]

13 Vgl. zur rhetorischen Figur des Vor-Augen-Stellens als „Memorialtechnik“ Rüdiger Campe: Vor Augen Stellen. Über den Rahmen rhetorischer Bildgebung. In: Gerhard Neumann (Hrsg.): *Poststrukturalismus. Herausforderung an die Literaturwissenschaft.* Stuttgart / Weimar: Metzler 1997, S. 208–225, hier S. 217.

14 Jean Baudrillard: *Agonie des Realen*, aus d. Franz. v. Lothar Kurzawa / Volker Schaefer. Berlin: Merve 1978, S. 23. Vgl. weiterhin zum Begriff des Hyperrealen ebd., S. 7.

15 Ebd., S. 23.

16 Ebd.

Die gebändigte Kreatur

Zur verleugneten Differenz von Wildtier und domestiziertem Tier in der modernen Pferdeausbildung

Marcello Pocai

Pflege dein Pferd wie einen Freund,
aber reite es wie einen Feind.

(Bauernregel)

Der Domestikationsstatus des Hauspferdes ist nicht wirklich ausreichend geklärt. Die verschiedenen Möglichkeiten seiner Nutzung lassen sich gut an der isländischen Pferdezucht ablesen. Dort gibt es drei Sorten von Tieren: die für die Fleischproduktion bestimmten, die Last- und Arbeitspferde und die Reitpferde. Heutzutage findet das Pferd in der westlichen Welt neben dem Sport vorrangig in therapeutischen Zusammenhängen seine Nutzung.
In der altmodischen Sprache der frühen Verhaltensforschung ausgedrückt, ist das Pferd bloß „wutgezähmt"[1], da es mit dem Menschen Rangkämpfe austrägt. Aber anders als der Hund, der des Menschen zu seiner vollständigen Sozialisation bedarf und daher als durch und durch domestiziert gelten kann, ist das Fluchttier Pferd mit all seinen verschiedenen Eigenschaften ein Herdentier, das in komplexen Sozialstrukturen lebt. Seine große Anpassungsfähigkeit erlaubt es dem Menschen, es durch Stallhaltung aus seiner Herdenwelt herauszulösen, aber gleichwohl auf Grundlage seiner sozialen Intelligenz mit ihm zu interagieren. Es ist darum umso verwunderlicher, dass viele Ausbilder dem domestizierten Tier so gegenüber treten, als ob es erst noch zu zähmen sei, statt ihm wie einem domestizierten Tier zu begegnen, das grundsätzlich zur Kooperation bereit ist.
Die Schwierigkeit dieser Untersuchung besteht darin, dass wir uns einerseits auf dem Feld einer universal aufzufassenden Wissenschaft bewegen, der Hippologie. Diese existiert zwar historisch in Form von

1 Günter Tembrock: *Tierpsychologie.* Wittenberg: Ziemsen 1956, S. 90. Der Terminus „wutgezähmt" wird üblicherweise nur im Zusammenhang mit Wildtieren verwendet.

maßgeblichen Reitlehren, sie ist jedoch keine Wissenschaft mit definiertem Gegenstand und ausgewiesener Begriffsgeschichte. Andererseits bewegen wir uns auf dem Feld der Praktiker, die gleichwohl mit theoretischem Anspruch auftreten. Die Autoren, deren Ansätze moderner Pferdeausbildung im Folgenden kritisch dargestellt werden, unterscheiden nicht zwischen Wildtier und domestiziertem Tier, zwischen halbwildem und verwildertem Tier. So will die amerikanische Methode explizit beim Wildtier anknüpfen, während das deutsche System beim auf Reitpferdeeigenschaften selektierten Tier ansetzt, dessen Wille zum Widerstand im reiterlich erzeugten Kampf permanent gebändigt werden muss. Die französische Methode fasst das Tier explizit als verständiges Wesen auf, verfährt aber dennoch wie mit einem Wildtier, dessen Widerstand „Jedem Thiere ist wohl ein gewisser Grad von Widersetzlichkeit durch die Natur gegeben"[2] – im Ansatz erstickt werden muss.

Domestikation und Verhaltensforschung

Die Überführung einer Wildform in den Haustierstand, die Domestikation, gilt dann als vollzogen, wenn die Zucht der Tiere in Menschenhand stattfindet und die Zuchtprodukte genetische Veränderungen aufweisen, die nicht nur äußere Merkmale, das sogenannte Exterieur (Größe, Knochenbau, Fellfarbe, Zähne) betreffen, sondern auch das Interieur (Charakter und Verhalten). Die mehrtausendjährige Geschichte der Haustierwerdung des Pferdes hat verschiedene Grundtypen hervorgebracht, aus denen sich in einer großen Varianz alle heutigen Pferde entwickelt haben.[3] Das Pferd als Wildform ist ausgestorben. Es gibt verwilderte Hauspferde, wie die in der namibischen Wuste verkümmernden Nachfahren der deutschen Militärpferde oder die amerikanischen Mustangs. Rückzüchtungen der Wildformen oder die Erhaltungszuchten alter Schläge, ähnlich der Praxis der Landgestüte, alte Pferderassen zu erhalten, indem mindestens ein Beschäler aufgestallt wird, gibt es in verschiedenen Tiergärten,

2 François Baucher: *Methode der Reitkunst nach neuen Grundsätzen.* Stockerau: Koch 1884, S. 26.

3 Vgl. Michael Schäfer: *Handbuch Pferdebeurteilung.* Stuttgart: Kosmos 2000, S. 34; Günter Nobis: Die Geschichte des Pferdes – seine Evolution und seine Domestikation. In: *Handbuch Pferd.* München: BLV 2000, S. 8–26, hier S. 19.

in kleinen Auswilderungsgehegen oder in sogenannten Wildbahnen wie dem Meerfelder Bruch in Westfalen.

Doch immer noch weist das Hauspferd Eigenschaften auf, die für die Nutzung des Bewegungspotentials unpraktisch sind. Es ist ein sehr reaktionsschnelles Fluchttier, das über enorme Kräfte verfügt. Allerdings darf etwa das ungebärdige Verhalten eines jungen Hauspferdes beim ersten Halftern nicht verwechselt werden mit dem widerständigen Verhalten eines Wildtieres, das zum ersten Mal gebunden und fixiert wird. Ebenso erschwert die Nutzung als Reittier, dass das Hauspferd ein Herdentier ist, das in komplex strukturierten Gruppen lebt. Zudem hat es ein sehr ausgeprägtes Langzeitgedächtnis, das in die aktuelle Gegenwart des Pferdes hineinreicht und meist immer schon dessen Verhalten präformiert. Auch das sehr spärliche mimische Ausdrucksverhalten des Pferdes ist schwer zu deuten.

So kann man die Domestikation des Pferdes zwar als vollzogenen, aber unabgeschlossenen Prozess auffassen, der immer wieder aufs Neue begonnen wird und bei dem Zucht und Nutzung Hand in Hand arbeiten. Bevor jedoch das Tier genutzt werden kann, muss es eine Ausbildung erhalten. Die Verhaltensforscherin Lucy Rees weist eindrücklich darauf hin, dass so gut wie alle menschlichen Zurichtungen, die das junge Tier zur Vorbereitung der späteren Nutzung erfährt, seinem Instinktrepertoire widersprechen.[4] So muss das Pferd als Fluchttier die Position von Kopf und Hals frei wählen können: Der Mensch bindet es am Kopf an. Das Pferd als Fluchttier muss jederzeit aus dem Stand lossprengen können: Der Mensch übt das Hufe-Geben, wobei das Pferd auf drei Beinen steht. Das Pferd als soziales Wesen ist auf den Zusammenhalt seiner Herde angewiesen: Der Mensch vereinzelt es und bringt es dadurch in existenzielle Not. Das Pferd als Bewegungstier braucht viel freie Fläche zum Laufen: Der Mensch hält es in geschlossenen Stallungen. Diesem Widerspruch zwischen den natürlichen Anlagen des Pferdes und den menschlichen Nutzungsanforderungen ließen sich noch viele Beispiele hinzufügen. Es ist allein die herausragende Anpassungsfähigkeit des Tieres, die diesen Widerspruch überdeckt und die sich zum Großteil seiner enormen Leidensfähigkeit und Duldsamkeit verdankt.

4 Lucy Rees: *Das Wesen des Pferdes. Persönlichkeit – Entwicklung – Verhalten.* Rüschlikon / Zürich: Müller 1986, S. 156.

Sie ist möglicherweise auch der Grund dafür, warum über die Jahrtausende die anatomischen und morphologischen Kenntnisse über das Pferd nur sehr langsam zunahmen. Ein Beispiel mag das belegen: Die vier Pferde der Basilika von San Marco in Venedig verdanken ihren „stolzen" Ausdruck – große Augen, geblähte Nüstern, steil aufgerichtete Halsbasis – allein dem künstlerisch sublimierten Umstand, dass sie den Wagen mit einem Brustgeschirr zogen, das ihnen die Luft abschnürte.

Die Veränderung, die das moderne Pferd durch die Domestikation erfahren hat, ließ es einerseits für den Menschen beherrschbar werden, hat es aber andererseits von sich „entfremdet"[5]. Sadko Solinski wollte diesem Umstand mit seiner These vom „pferdegemäßen Reiten" Rechnung tragen und forderte einen Perspektivwechsel; der Mensch solle sich die Perspektive des Pferdes zu eigen machen. Solinski unterscheidet eine gute von einer schlechten Domestikation des Pferdes, wobei seine eigene Methode der Pferdeausbildung mit dem Anspruch auftritt, außerhalb des Domestikationszusammenhanges zu stehen. Vor dem Hintergrund eines selbsttherapeutischen Konzepts, in dem das Gegenüber im Sinne der Du-Evidenz angesprochen wird, betrachtet Solinski das Pferd als Herausforderung für den Menschen, der es zunächst vor aller Bearbeitung und Ausbildung beobachten und studieren soll, um es dann zu sich als „naturbelassen" zurückzuführen.[6]

Diese esoterische Auffassung will ich mit hard facts konfrontieren. Wenn im Folgenden das Pferd als Resultat seiner Domestikation angesprochen wird, dann geht es immer um vier Hauptaspekte: Erstens ist beim Fluchttier Pferd die „Fluchtschranke" überwunden. Weder flieht es, wenn wir auf es zugehen, noch greift es an, wenn wir ihm zu nah sind. Zweitens ist sein Verhalten durch die soziale Assoziation mit dem Menschen, wenn nicht pathologisiert, so doch so stark verändert, dass die überholte These der Verhaltensforschung, Domestikation bedeutet das Verbleiben des Tieres im juvenilen Stadium,[7]

5 Sadko G. Solinski: *Reiter, Reiten, Reiterei. Die Grundlagen pferdegemäßen Reitens.* Hildesheim: Olms 1983, S. 7.

6 Ebd., S. 133.

7 Vgl. Erhard Oeser: Der Anteil des Hundes an der Menschwerdung des Affen. In: Kurt Kotrschal / Gerd Müller / Hans Winkler (Hrsg.): *Konrad Lorenz und seine verhaltensbiologischen Konzepte aus heutiger Sicht.* Fürth: Filander 2001, S. 225–233, hier S. 228.

empirisch verifiziert *erscheint*. Die nicht mehr in sozialen Verbänden lebenden Tiere haben ein sehr eingeschränktes Sozialverhalten, bleiben „verspielt" und unselbstständig. Ihr Verhalten hat keinen Wert für die Pferdegruppe, da es kein Ziel verfolgt; Verhaltensketten brechen ab, Stereotypien werden entwickelt. Ein kastrierter Hengst reproduziert Teile des werbenden Hengstverhaltens, kann aber nicht mehr das gesamte Verhalten im Zusammenhang zeigen. Drittens tritt uns nun heutzutage das Pferd, das als Arbeitstier überflüssig geworden ist, als Luxusgut gegenüber. Im Sinne der Du-Evidenz[8] sprechen wir es an und nutzen es in therapeutischer Perspektive. Viertens reproduziert das durchgezüchtete Hauspferd nur noch angezüchtete Bewegungen. Der hippologische Terminus lautet hier „Takt". Die Bewegung des Tieres wird durch die menschliche Zurichtung der Ausbildung eingetaktet und im schlimmsten Falle aller Lebendigkeit beraubt. Der Gegenbegriff hierzu, den ich extrapolieren möchte, ist *Rhythmus*: der Rhythmus des jeweiligen Tieres, also dessen individuelle Gestaltung und Durchführung der Gangarten und ihrer Übergänge bzw. lebendiger Bewegungsfolgen, die nicht schon hippologisch kodifiziert sind. Es sind vom Pferd selber produzierte Bewegungen. Demgegenüber scheint das moderne Sportpferd nur noch über Takt zu verfügen.

Drei moderne Formen der Pferdeausbildung

Im Folgenden werden drei grundlegende Formen der Pferdeausbildung anhand von vier Parametern diskutiert. Die vier Parameter sind:

1. Gegenstand: Als was wird das Pferd angesehen?
2. Theorie: Worin besteht der Ansatz der Ausbildung?
3. Praxis: In welchem Medium vollzieht sich die Ausbildung?
4. Zielpunkt: Das Resultat in der Selbstzuschreibung der jeweiligen Ausbildungsform und dessen Kritik

8 Vgl. Sabine Hanneder: Pferdehaltung und Pferdenutzung für psychologische Therapien im „Pferdeprojekt" der Freien Universität Berlin. In: Dies. (Hrsg.): *Mensch und Pferd. Neue Aspekte einer alten Beziehung*. Wissenschaftliche Vortragsreihe des Fördervereins Mensch und Tier e.V. in Kooperation mit dem „Pferdeprojekt" der Freien Universität Berlin. Berlin: Förderverein Mensch und Tier e.V. 2002, S. 193–219, hier S. 209.

Die amerikanische Methode

Die amerikanische Schnelldressur des Reitpferdes, umgangssprachlich „Westernreiten" genannt, ist in jüngster Zeit unter der Bezeichnung „Pferdeflüstern" modern geworden. Einer ihrer prominentesten Verfechter ist der auch in Europa bekannte Monty Roberts. Das Pferd gilt Roberts als Wildtier, das dem Menschen mit einem großen Misstrauen begegnet, vor ihm flieht, wenn es kann, und den Reiter zunächst in jedem Fall abbocken will. Mit seiner Round-Pen-Arbeit – das Pferd wird, von anderen Pferden isoliert, in ein blickdichtes Zirkelrund gebracht und zunächst gescheucht – möchte Roberts an die Natur des Fluchttiers, seine Reflexe und seine Schreckhaftigkeit, anknüpfen. Das Tier flieht, nach Roberts ungefähr eine Strecke von 400 Metern, bevor es langsamer wird und stehenbleibt, um sich der überwundenen Gefahr zu vergewissern. Roberts verfährt nach der Methode „Vorstoß und Rückzug", die er explizit als Nachahmung der Zähmung eines Wildpferdes auffasst.[9] Dabei darf er einerseits das Tier nicht zu sehr jagen, sonst würde es panisch, andererseits muss er genau den passenden Moment für den Rückzug wählen. Roberts versucht auf diese Weise, das Tier vor aller weiteren Arbeit auf sich einzuschwören und zu fixieren. Diese sich häufig wiederholenden Abfolgen von Wegjagen, eingestreuten Richtungswechseln und Ablassen vom Tier etablieren die Struktur von „Druck – Druck weg": Sobald das Pferd das gewünschte Verhalten zeigt, hört die Einwirkung augenblicklich auf. Diese Struktur ist die Grundlage aller weiteren Abrichtungsrituale der Westernreiterei.

Nach Roberts eigener Diagnose lernt das Tier „intrinsisch", sich dem Menschen anzuschließen, und seine Methode sei nichts weiter, als der Natur des Pferdes abgelauscht. So habe er einmal eine Mutterstute beobachtet, wie diese ihr Fohlen in seinen Augen abstrafte, nachdem dieses sich ungebührlich verhalten hätte. Die Mutterstute habe das Fohlen immer wieder von sich und der Herde, die Schutz und Sicherheit verspricht, weggetrieben. Nach einer gewissen Zeit, nachdem das Fohlen die Zeichen der Unterwürfigkeit gezeigt habe, habe die Mutterstute die Rückkehr des Fohlens zugelassen.[10]

9 Monty Roberts: *Das Wissen der Pferde und was wir Menschen von ihnen lernen können.* Bergisch-Gladbach: Lübbe 2000, S. 76. Dieses „Prinzip" habe er von den „Indianer[n] nördlich des Battle Mountain" in Nevada gelernt. Es ist zugleich „eine der ersten Lektionen, die [er] von den Pferden gelernt" habe. (Ebd., S. 76.)

10 Ebd., S. 71. Roberts setzt das Verhalten der Stute mit dem „Prinzip" von Vorstoß und Rückzug gleich.

Roberts Methode zielt auf die Unterwerfung des Tieres. Er verklärt diese zum einen dadurch, dass er die „indianische" Vorstoß-und-Rückzug-Methode mit dem Abstrafungsritual gleichsetzt, das er in der Herde beobachtet haben will. Zum anderen begreift er die Reaktionen des in Angst versetzten Pferdes als eine in der Natur des Pferdes liegende Lernform, die in der Literatur als „learned helplessness" hoffähig geworden ist.[11] Resultat dieser Abrichtung ist ein auf das Schema von stop and go reflexartig eingestelltes Wesen, das maschinengleich funktioniert.

Was aber passiert faktisch? Roberts führt ein Pferd in den Round Pen, das ihm willig folgt. Dann beginnt er es zu jagen, damit es sich sozusagen endlich wieder wie ein Wildpferd verhält. Er spielt also das Herdentier Pferd – das Tier, das sich ihm bereits zugewandt hatte – gegen das Fluchttier aus. Diese Form schwarzer Pädagogik funktioniert allerdings nur, wenn das Tier nicht merkt, dass sein Ausbilder auch derjenige ist, der für seine Angst verantwortlich ist. Aus der vom Tier durchschauten Personalunion von Ausbilder und Peiniger erklären sich viele Vorfälle mit aggressiv gewordenen Pferden, die gezielt ihre Trainer attackieren oder aus dem Zirkel vertreiben wollen.

Das deutsche System

Die deutsche Reiterei wird in heutiger Zeit sportpolitisch durch die Deutsche Reiterliche Vereinigung vertreten, die seit 1954 die *Richtlinien für Reiten und Fahren* in immer wieder veränderten Fassungen herausgibt. Diese wie Rechtsparagraphen verfassten Anweisungen zur Pferdeausbildung stehen in der Tradition der preußischen Militärreiterei, die mit Louis Seegers Schrift *System der Reitkunst* von 1844 ihren Anfang nahm.

Das als Reitpferd vorgesehene Pferd wird hier als zur Arbeit bestimmtes Tier aufgefasst, das vorrangig zwei Eigenschaften mit sich bringt: Es ist permanent bestrebt, eine Rangfolge zuungunsten des Reiters zu etablieren, und es ist ein Bewegungstier. So muss der Reiter danach trachten, immer ranghöher als das Pferd zu sein, das heißt, die Oberhand über den Willen des Tieres zu erlangen.[12] Körper und Wille des

11 Andrew McLean: *The Truth about Horses. A Guide to Understanding and Training Your Horse.* Newton Abbot: David & Charles 2003, S. 38.

12 Vgl. Deutsche Reiterliche Vereinigung e. V. (Hrsg.): *Richtlinien für Reiten und Fahren*, Bd. I: Grundausbildung für Reiter und Pferd. Warendorf: FNverlag 1981, S. 148.

Pferdes liegen dabei im Kampf mit dem Reiter: Der widerständige Körper, dessen Muskelkräfte erst noch für die reiterliche Nutzung in Einklang gebracht werden müssen, wird gebogen, die Gelenke werden gebeugt. Der Wille des Pferdes wird permanent herausgefordert, indem der Körper des Tieres bearbeitet wird, und zwar *während* es sich bewegt. Da das Pferd in der Bewegung mannigfachen Gleichgewichtsverschiebungen unterworfen ist, die vorrangig die Temporegulierung betreffen, bedarf es langer Übung, um das junge Tier zur Raison zu bringen. Für die Grundausbildung werden zwei Jahre veranschlagt. Da der Intellekt des Pferdes als gering eingeschätzt wird, vollzieht sich die Bearbeitung des Pferdes über lange Gewöhnungsphasen, die an die Stelle von einsichtsvollem Verhalten treten. Ziel der Ausbildung ist das „durchlässige" Pferd, ein Reitpferd, das willig alle reiterlichen Befehle, die in der Reitersprache „Hilfen" heißen, ausführt, ohne jemals selbsttätig zu agieren.[13]
Auch wenn die Körper heutiger Reitpferde bereits durch die züchterische Selektion geschmeidig sind und renitentes Verhalten sich fast immer aus falschem Training (zu frühe, zu hohe Belastung und damit verbundene Schmerzen) erklären lässt, zehrt die deutsche Sportreiterei ideell vom Erbe der preußischen Militärreiterei. Diese war mit dem Problem der sogenannten *Stetigkeit* des Reitpferdes konfrontiert.[14] So wurden viele Tiere aufgrund der starken Bearbeitung und Einwirkung auf ihren Körper stetig, das heißt, sie entzogen sich erfolgreich der Arbeit, indem sie die Bewegung verweigerten und daraufhin unbrauchbar wurden. Um diesem Phänomen zu begegnen, ersann Seeger, was heute in vielfacher Ausprägung allerorts zu sehen ist. So soll bei der Bearbeitung des Tieres dessen „Gemüt" erreicht werden: „sobald ihnen einmal der Zorn gebrochen ist, den wir absichtlich in ihnen hervorrufen, weil er uns als ein Zeichen ihrer Kraft gilt"[15]. Durch die Bearbeitung des Körpers in der Bewegung vermutlich bis weit über die Schmerzgrenze hinaus wird also ein Widerstand des Gemüts heraufbeschworen, den Seeger *Zorn* nennt

13 Vgl. ebd., S. 190.

14 Heutzutage spricht man lieber von „laurigen", das heißt „faulen" Pferden. Vgl. Deutsche Reiterliche Vereinigung e. V. (Hrsg.): *Richtlinien für Reiten und Fahren*, Bd. II: Ausbildung für Fortgeschrittene. Warendorf: FN-Verlag 1990, S. 129.

15 Louis Seeger: *Herr Baucher und seine Künste – ein ernstes Wort an Deutschlands Reiter.* Berlin: Friedrich August Herbig 1852, S. 44.

und der das Reitpferd immer wieder aufs Neue auf seine wilde Herkunft und *rohe*[16] Natur verpflichtet.

Die französische Methode

1842 entwickelte Francois Baucher eine Methode der Pferdeausbildung, mit der er die höfische Reiterei revolutionieren sollte. Bauchers Theorie steht in der Nachfolge Antoine de Pluvinels, der das Prinzip der Dialogik in die Pferdeausbildung eingeführt hatte, indem er in seiner Schrift *Königliche Reitschule* die Erziehung des jungen Ludwig XIII. durch Reitunterricht mit der Ausbildung eines Pferdes parallelisierte. In dieser Tradition fasst Baucher das Pferd als ein verständiges und lernfähiges Wesen auf, das für Belehrung empfänglich ist. Als moderner Vertreter dieses Ansatzes ist an erster Stelle Philippe Karl zu nennen, dessen Schule der *Légèreté* sich Baucher verpflichtet sieht.

Diese im Unterschied zur deutschen *synthetischen* Reiterei *analytisch* zu nennende Reiterei bearbeitet zunächst im Stand, dann in der Bewegung einzelne Körperpartien wie etwa Kopf, Hals, Hinterhand für sich allein, bevor alle Partien zusammenwirken dürfen. Dabei soll das Tier weder in einen vermeintlichen Urzustand zurückversetzt noch zum Kampf herausgefordert werden. Vielmehr soll sein Widerstand im Keim erstickt werden. Die Übermächtigung des Tieres ist hier auch umso vollkommener, da die Ursache für den Widerstand innerhalb der Ausbildung selbst gefunden wird, nämlich in der notwendigen, gleichwohl zu verhindernden Verspannung des Halsmuskels.[17]

Bauchers Methode basiert darauf, dass das Tier versteht, was es tun soll, am besten bevor es das Gewünschte ausführt.

Nur Baucher stellt sich der Frage, wie das Pferd verstehen kann, was das Kandarengebiss bewirken soll, wenn es doch bereits das Kandarengebiss tragen muss, bevor es ein Verständnis dafür entwickeln konnte. Für die Grundausbildung veranschlagt er drei Monate mit jeweils zwei Lektionen pro Tag. Damit der Lernerfolg nachhaltig bleibt, dürfen zwischen zwei Lektionen nicht mehr als zwölf Stunden liegen. Die „ungebildete Kreatur“ wird durch die reiterliche Erziehung kultiviert.

16 Der Ausdruck „roh“ bezeichnet im Jargon der Reiterei ein ungerittenes und damit noch unberührtes Pferd.

17 Baucher: *Methode der Reitkunst*, S. 30.

Zusammenfassung: Schema der verschiedenen Ausbildungsformen

	Amerikanische Methode	**Deutsches System**	**Französische Methode**
Gegenstand	Fluchttier	Arbeitstier	Verständiges Tier
Theoretischer Ansatz	Reflexe	Wille	Intellekt
Praktische Durchführung	Abrichtung durch Jagen: Vorstoß und Rückzug	Gewöhnung und Kampf	Belehrung
Resultat	Maschine	„Durchlässigkeit"	Technokratisch geschultes Reitpferd
Kritik	Intrinsisches Lernen vs. Unterwerfung	Gehorsam vs. permanenter Kampf	Brillantes Reitpferd vs. Dressur
„wild" im Sinne von widerspenstig	scheu	roh	ungebildet

Dieses zur abschließenden Übersicht angefertigte Schema versteht sich als kritische Darstellung der verschiedenen Ausbildungsformen. Unabhängig davon, inwieweit die Autoren darauf reflektieren, dass sie die Domestikation des bereits domestizierten Pferdes fortschreiben, gehen alle davon aus, dass das Pferd notwendig und gewissermaßen naturgemäß *widerständig* der reiterlichen Einwirkung gegenübertritt. Was als intrinsisch gelernt behauptet wird, dass sich das Pferd von selber dem Ausbilder anschließt, ist bloß Ausdruck seiner Unterwerfung. Das gehorsame deutsche Reitpferd befindet sich in Wahrheit in einem permanenten Kampf mit seinem Reiter. Die gehorsame und prompte Erfüllung der Hilfen, die *Durchlässigkeit,* ist erst am Ende der Ausbildung vollständig realisiert. Dennoch muss sie in täglicher Arbeit immer aufs Neue wiederhergestellt werden, die Reitersprache nennt diesen Vorgang *abreiten.* Das französische Reitpferd ist in Wahrheit Produkt einzelner technokratisch angelegter Dressurübungen, die es bloß mündig erscheinen lassen.

Ausblick

„Seit jenem weit in die Steinzeit zurückliegenden [sic!] Augenblick, als dem ersten Pferd ein Halfter angelegt wurde, gab es unter den Menschen einige wenige, die um diese Furcht [zu Tode gejagt zu werden] wussten.“[18] Diese seien die „Pferdeflüsterer“ gewesen, die sich aber dann in ehrenvoller Absicht an die Zähmung der Pferde machten.

Nicholas Evans trivial-naive Vorstellung von der Domestikation des Pferdes wird von Pferdeausbildern wie Monty Roberts reproduziert. Aber viel wichtiger ist ein anderer Punkt: In das Wissen jener frühen „Pferdeflüsterer“ ist ein Perspektivenwechsel eingelassen. Zwar geht hier noch die Perspektive des Pferdes selber in dem Wissen der Pferdeflüsterer auf und unter. Aber von hier aus stellt sich die Frage, wie man die Perspektive des Pferdes selber wahrnehmen kann.

„Doch eine viel seltenere Fähigkeit des Reiters ist es, sich in die Psyche des Pferdes hineinzufühlen, und erst diese *Einfühlung* macht es ihm möglich, eine vollkommene Harmonie mit dem Pferd zu erreichen“[19]. Gregor von Romaszkan unterscheidet im Zusammenhang mit der Frage, worin die Reitkunst besteht, zwei Fähigkeiten des Reiters. Die „Einfühlung“ geht weit über den „Reitertakt“ hinaus. Verweist dieser auf das Pferd, sofern der Reiter seine eigenen Einwirkungen an den Reaktionen des Pferdes spürt, so führt jene in einen exklusiven Bereich des Pferdes selber, zu seinen selbstproduzierten Bewegungen, zu seinem eigenen Rhythmus. Die Frage, welche Bedeutung der Ausdruck *wild* im Zusammenhang mit dem Hauspferd haben kann, verlagert sich also auf die Frage nach den Fähigkeiten des Reiters.

Eine aufgeklärte Perspektive auf die Ausbildung des Reitpferdes als Fortschreibung seiner Domestikation überwindet die Bedeutungen von *wild* als Attribut des Pferdes, wie sie die amerikanische Methode (*scheu*), das deutsche System (*roh, hart*) und die französische Methode (*ungebildet*) setzen. Sofern der Ausdruck *wild* eine zeitgemäße und kritische Bedeutung haben kann, dann verweist er auf die *selbstproduzierten Bewegungen* des Pferdes.[20]

18 Nicholas Evans: *Der Pferdeflüsterer.* München: Bertelsmann 1995, S. 103.

19 Gregor von Romaszkan: *Reitprobleme. Ein Buch für denkende Reiter.* Heidenheim: Hoffmann 1967, S. 80.

20 Vgl. diesen Aspekt aus der Perspektive der Schulreiterei: Nuño Oliveira: *Ratschläge eines alten Reiters an junge Reiter.* Hildesheim: Olms 1999, S. 18.

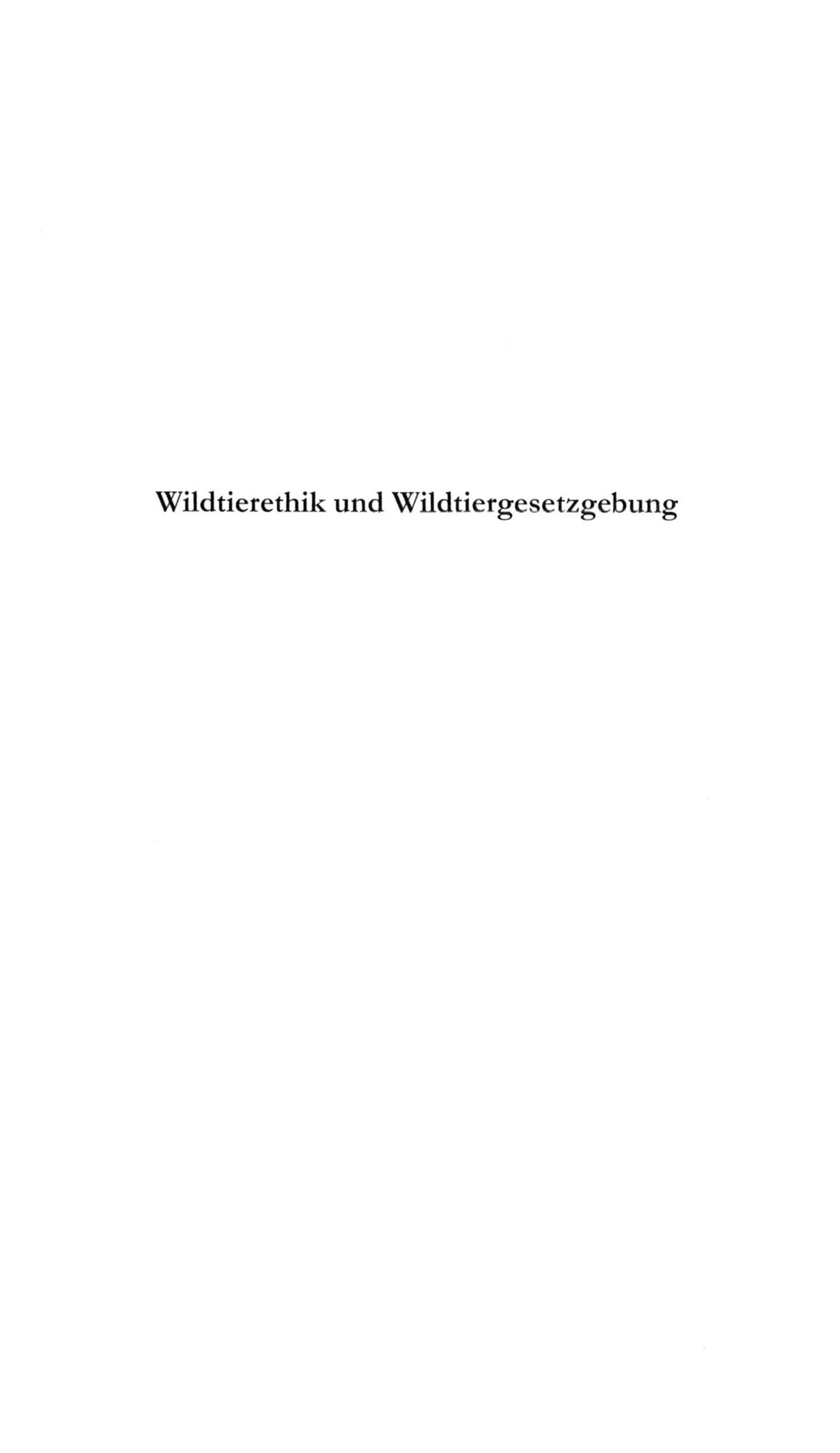

Wildtierethik und Wildtiergesetzgebung

Hilfe für Gnus, Schildkröten und Wildkaninchen?

Eine Diskussion um Hilfspflichten gegenüber wildlebenden Tieren

Leonie Bossert

1. Einleitung

Die gegenwärtige philosophische Debatte um den moralisch gebotenen Umgang mit nichtmenschlichen Tieren ist v. a. als Reaktion auf die Behandlung der nichtmenschlichen Tiere entstanden, die vom Menschen (aus)genutzt und gehalten werden. Darüber hinaus wurde die Frage in den Hintergrund gestellt, was die moralische Berücksichtigungswürdigkeit nichtmenschlicher Tiere für den Umgang mit *wildlebenden* nichtmenschlichen Tieren zu bedeuten hat. Geht man davon aus, dass Pflichten gegenüber nichtmenschlichen Tieren bestehen, müssen diese dann allen nichtmenschlichen Tieren gegenüber gleich sein, unabhängig vom Kontext, in dem sich das jeweilige nichtmenschliche Tier befindet? Oder können Ungleichbehandlungen gerechtfertigt sein?

Diese Frage behandelt der vorliegende Beitrag, der sich mit der Argumentation für unterschiedliche Pflichten gegenüber nichtmenschlichen Tieren in unterschiedlichen Kontexten auseinandersetzt. Zu Beginn werden dafür die relevanten philosophischen Annahmen ausgeführt, auf denen der hier vorgestellte Ansatz beruht. In Kapitel 2 wird die Begründungsweise aufgezeigt, mit der für eine gerechtfertigte Ungleichbehandlung domestizierter, ‚kulturfolgender' und wildlebender nichtmenschlicher Tiere argumentiert wird. Im Anschluss gibt Kapitel 3 einen Überblick, welche Konsequenzen für den Umgang mit ‚kulturfolgenden' und wildlebenden nichtmenschlichen Tieren daraus folgen (sollten). Der Fokus liegt auf ebenjenen nichtmenschlichen Tieren, da der moralisch gebotene Umgang mit domestizierten nichtmenschlichen Tieren in der Tierethik und den Human-Animal Studies bereits intensiv diskutiert wurde und wird.

Im Beitrag wird die These vertreten, dass unterschiedliche Pflichten gegenüber nichtmenschlichen Tieren bestehen, abhängig vom Kontext, in dem sich das jeweilige nichtmenschliche Tier befindet. Zentral ist dabei die Annahme, dass dies nur auf positive Pflichten zutrifft, nicht jedoch auf negative Pflichten. Die hier vertretene Position baut also auf einer Pflichtenethik auf, die um kontext-sensitive Elemente erweitert wird und somit Beziehungen eine relevante Rolle zukommen lässt, anstatt sie aus moralischen Beurteilungen auszuklammern. Diese Position orientiert sich am tierethischen Ansatz Clare Palmers, den sie in *Animal Ethics in Context*[1] entworfen hat. Wie Palmer gehe ich davon aus, dass es Sinn ergibt, zwischen negativen und positiven Pflichten zu unterscheiden.[2] Negative Pflichten werden auch häufig als Unterlassungs- oder Nicht-Schädigungspflichten bezeichnet, positive als Hilfspflichten. Die zentrale Komponente zur Differenzierung ist diejenige, dass negative Pflichten *bestimmte* Pflichten darstellen, positive Pflichten dagegen *unbestimmte*. Aus der Kenntnis um eine bestehende Hilfspflicht gegenüber einem Individuum folgt nicht die Kenntnis, wie diese Hilfe konkret aussehen soll. Bei Unterlassungspflichten dagegen ist relativ klar, wie sich die Pflicht konkretisieren lässt.

Der Fokus des Beitrages liegt auf Hilfspflichten, da die Rechtfertigung *unterschiedlicher* Pflichten gegenüber den Individuen, die Teil der Moralgemeinschaft sind, gemäß des hier vertretenen Ansatzes nur auf diese zutrifft. (Negative Pflichten existieren allen gegenüber gleich.) Bei jeder Hilfspflicht gibt es gewisse Voraussetzungen dafür, dass sie besteht. So muss

a) die Möglichkeit zur Hilfe bestehen, was einschließt, dass es die helfende Person nicht überfordert,
b) die Hilfe eine ‚tatsächliche Hilfe' darstellen, und
c) es nicht andere moralisch relevante Gründe gegen den Beistand geben, sodass nicht z. B. dadurch einem anderen Individuum Schaden zugefügt wird.[3]

1 Clare Palmer: *Animal Ethics in Context.* New York: Columbia UP 2010.

2 Für eine Kritik an dieser Unterscheidung vgl. z. B. Martha Nussbaum: *Die Grenzen der Gerechtigkeit. Behinderung, Nationalität und Spezieszugehörigkeit.* Berlin: Suhrkamp 2010.

3 Zu Punkt a) vgl. Konrad Ott: *Moralbegründungen zur Einführung.* Hamburg: Junius 2005, S. 56. Für eine kompakte Darstellung, welche Voraussetzungen für ‚Hilfe leisten', welche für ‚keine Hilfe leisten' und welche für ‚Euthanasie' bei wildlebenden nichtmenschlichen Tieren gegeben sein sollten vgl. J. K. Kirkwood / A.W. Sainsbury: Ethics of Interventions for the Welfare of Free-living Wild Animals. In: *Animal Welfare* 5,3 (1996), S. 235–243, hier S. 237.

Ein weiterer Fokus liegt auf wildlebenden und ‚kulturfolgenden' nichtmenschlichen Tieren. Der Begriff ‚wild' findet sich in verschiedener Bedeutung und wird von verschiedenen Autor_innen unterschiedlich verwendet. Das hier vertretene Verständnis fasst Wildheit nicht als Teil eines Dualismus auf, da Dualismen als so nicht existierende Konstrukte angesehen werden sollten. Ich sehe Wildheit als das Ende eines Spektrums an, wonach ein Individuum mehr oder weniger wild sein kann. Es gilt, drei verschiedene Verständnisse von Wildheit zu differenzieren:

1. Konstitutive Wildheit: Wild wird dabei als Teil eines ‚domestiziert – wild'-Spektrums aufgefasst. So ist ein Przewalski-Pferd wilder als ein Haflinger, da es weniger stark domestiziert ist.
2. Standortbedingte Wildheit: Wild wird hier als Teil eines ‚entwickelt – wild'-, bzw. ‚urbanisiert – wild'-Spektrums gesehen, es geht folglich um Lokalität. Am wildesten sind entsprechend die nichtmenschlichen Tiere, die in von Menschen (möglichst) unbeeinflussten Umwelten leben, wie z. B. Eisbären oder Kaiserpinguine. Nichtdomestizierte, in menschlichen Siedlungen lebende Tiere, wie Krähen, Ratten oder Stadtfüchse, gelten nach diesem Verständnis nicht als wild, sie stellen sogenannte Kulturfolger dar.
3. Dispositionelle Wildheit: Wild wird als Teil eines ‚zahm – wild'-Spektrums betrachtet. Ein zahmes Tier zeigt wenig Furcht vor und Aggressivität gegenüber Menschen (interpretiert anhand des Fluchtverhaltens). Wilde Tiere dagegen begegnen Menschen mit Furcht und Aggression. Dieses problematische Verständnis von Wildheit wird hier vernachlässigt. Die Problematik lässt sich am Beispiel von Kampfhunden verdeutlichen. Diese können in ihrem Verhalten sehr wild sein, sind im konstitutiven Sinn allerdings äußerst ‚unwild'.

Mit ‚wildlebendem Tier' ist im Folgenden ein nichtmenschliches Tier gemeint, das sowohl im konstitutiven (1.) als auch im standortbedingten (2.) Sinne als wild gelten kann. Ob ein nichtmenschliches Tier als wild gilt oder nicht, ist folglich stark abhängig von der Beziehung dieses nichtmenschlichen Tieres zum Menschen. Wildheit wird in Relation zur Nähe zu menschlichen Siedlungen bzw. abhängig vom Grad der menschlichen züchterischen Eingriffe gesetzt.

2. Voraussetzungen für das Bestehen positiver Pflichten gegenüber wildlebenden Tieren

Negative Pflichten bestehen nach der vorliegenden These gegenüber allen empfindungsfähigen Individuen gleich, da diese Teil der Moralgemeinschaft sind und *jedem* Mitglied der Moralgemeinschaft das Recht zukommt, nicht geschädigt zu werden.[4] Die Argumentation für die Existenz negativer Pflichten gegenüber nichtmenschlichen Tieren bzw. ihrer Zugehörigkeit zur Moralgemeinschaft wird hier nicht ausgeführt, dies wurde in der Tierethik in den letzten Jahrzehnten detailliert ausgearbeitet.[5] Der Fokus liegt auf Hilfspflichten. Das Bestehen dieser ist von Beziehungen und Kontexten abhängig, da nicht jedes Mitglied der Moralgemeinschaft gegenüber jedem anderen Mitglied derselben ein Recht auf Hilfeleistung besitzt. Diese Annahme führt zum Gerechtigkeitsdiskurs, sie wird im Rahmen von Gerechtigkeitstheorien kontrovers diskutiert. Im menschlichen Fall stellt sich z.B. die Frage, ob Menschen in Mitteleuropa anderen mitteleuropäischen Mitbürger_innen gegenüber andere oder die gleichen Pflichten haben, wie gegenüber Menschen in Südostasien. Dies lässt sich analog zum hier besprochenen Fall nichtmenschlicher Tiere sehen. Es besteht innerhalb der Gerechtigkeitstheorien weitgehend Einigkeit darüber, dass Mitteleuropäer_innen kein Recht haben, Asiat_innen zu schädigen, sie haben ihnen gegenüber also negative Pflichten. Hilfspflichten ihnen gegenüber haben sie dagegen nach Meinung vieler Autor_innen nicht.[6] Da es durch die räumliche

4 Zur Begründung, warum ausgerechnet die Empfindungsfähigkeit die relevante Eigenschaft ist, um Teil der Moralgemeinschaft zu sein, muss verwiesen werden auf z.B. Gary Francione: Empfindungsfähigkeit, ernst genommen. In: Friederike Schmitz (Hrsg.): *Tierethik. Grundlagentexte.* Berlin: Suhrkamp 2014, S. 153–175.

5 Für einige Ausarbeitungen unter vielen vgl. Carol Adams: *Zum Verzehr bestimmt. Eine feministisch-vegetarische Theorie.* Wien / Mühlheim an der Ruhr: Guthmann-Peterson 2002; David DeGrazia: *Taking Animals Seriously. Mental Life and Moral Status.* Cambridge / New York: Cambridge UP 1996; Gary Francione: *Introduction to Animal Rights. Your Child or the Dog?* Philadelphia: Temple UP 2000; Tom Regan: *The Case For Animal Rights.* Berkeley: University of California Press 2004; Ursula Wolf: *Die Ethik der Mensch-Tier-Beziehung.* Frankfurt am Main: Klostermann 2012, wobei Adams, DeGrazia und Wolf für die Einbeziehung nichtmenschlicher Tiere in die moralische Gemeinschaft argumentieren, jedoch keinen Rechte-Ansatz vertreten.

6 Vertreter_innen einer solchen Auffassung werden als Partikularist_innen bezeichnet. Für einen Überblick über die Differenzen von Partikularismus und Kosmopolitismus vgl. Christoph Broszies / Henning Hahn: Die Kosmopolitismus-Partikularismus-Debatte im Kontext. In: Dies. (Hrsg.): *Globale Gerechtigkeit.* Frankfurt am Main: Suhrkamp 2010, S. 9–52.

Distanz schwer möglich ist, Menschen in anderen Regionen direkt zur Hilfe zu kommen, würde dies den Pflichten-Begriff inflationieren, würde die Betroffenen überfordern und wäre somit für eine praktische Umsetzung nicht tragbar. Da alle Menschen allerdings den Menschen in ihrer unmittelbaren Umgebung gegenüber Hilfspflichten aufweisen (sprich denen gegenüber, zu denen bestimmte Arten von Beziehungen bestehen, wie z. B. das Existieren im gleichen Raum zur gleichen Zeit), entsteht ein globales Netz, womit abgedeckt ist, dass gegenüber allen Mitgliedern der Moralgemeinschaft irgendwer Hilfspflichten besitzt.[7] Treten Menschen aus anderen Teilen der Erde durch Umsiedelung in die unmittelbare Umgebung, bestehen die positiven Pflichten auch ihnen gegenüber. Die Analogie im Fall der nichtmenschlichen Tiere ist das Bestehen von Hilfspflichten domestizierten nichtmenschlichen Tieren gegenüber, da diese stets in unmittelbarer Umgebung sowie in Abhängigkeit von Menschen existieren. Wildlebende nichtmenschliche Tiere dagegen leben in der Regel räumlich distanziert(er) und unabhängig vom Menschen. Ihnen gegenüber gelten negative Pflichten, sie dürfen nicht vom Menschen geschädigt werden. Hilfspflichten sind nicht vorhanden. Tritt eine Abhängigkeitssituation auf, entsteht allerdings ein relevanter Kontext, aus dem sich ihnen gegenüber Hilfspflichten generieren. So z. B. wenn das Habitat einer Elchkuh durch Abholzung des Waldes stark verkleinert wird und somit die Möglichkeit zur Nahrungssuche und dem Auffinden von Paarungspartnern reduziert. ‚Kulturfolgern' gegenüber sind Beistandspflichten vorhanden, sie leben in unmittelbarer Nähe zum Menschen und sind dadurch, dass ihr Lebensraum in menschlichen Siedlungen liegt, in der Regel auch vom Menschen abhängig, z. B. bezüglich der Verfügbarkeit von Nahrung oder dem ‚reinen Tolerieren', welches durch beispielsweise Gifte unterbunden werden kann. Daher können sie – wie domestizierte nichtmenschliche Tiere – als Teil einer Gesellschaft angesehen werden, wenn man gewillt ist, nichtmenschliche Tiere als Gesellschaftsmitglieder aufzufassen.

7 Bei der Frage, wem gegenüber ein bestimmtes Individuum positive Pflichten besitzt, spielen also Raum und Zeit eine zentrale Rolle. Ob Raum und Zeit in der Moral eine Rolle spielen sollten, ist eine schwierige Kontroverse, deren Darstellung den hiesigen Rahmen deutlich sprengen würde. Wichtig ist zu bedenken, dass sie hier ausschließlich in Bezug auf Hilfspflichten miteinbezogen werden, nicht bezüglich Nicht-Schädigungs-Pflichten und dass das Hauptargument, diese mit einzubeziehen, die praktische Umsetzbarkeit ist.

Es ergibt sich also, dass Nicht-Schädigungspflichten gegenüber allen empfindungsfähigen (vgl. Fußnote 4) nichtmenschlichen Tieren gleich bestehen. Hilfspflichten dagegen bestehen gegenüber manchen nichtmenschlichen Tieren in anderer Weise, abhängig vom Kontext, in dem sich das nichtmenschliche Tier befindet bzw. in welcher Beziehung es zum betroffenen Menschen steht. Die Existenz positiver Pflichten gegenüber wildlebenden nichtmenschlichen Tieren wird teils kritisch aufgefasst. Ein Grund dafür ist die Befürchtung, aus ihnen würde sich ergeben, Menschen müssten in ‚die Natur' eingreifen, also z. B. Wildkaninchen im Winter a priori vor dem Verhungern schützen oder das Reh vor der Prädation durch einen Wolf retten. Wie in Kapitel 3 gezeigt wird, geht das daraus jedoch nicht hervor.

Die Kontexte, aus denen sich Hilfspflichten ergeben, lassen sich wie folgt zusammenfassen:

- das Erzeugen von Dependenz und Vulnerabilität
- Zufügen von Schädigungen, sowohl in der Gegenwart als auch in der Vergangenheit
- spezielle Beziehungen[8]
- Nutznießen an der Schädigung nichtmenschlicher Tiere und Teilhaben an Gesinnungen, die Schaden verursachen.[9]

Wie bereits dargelegt, bestehen domestizierten Tieren gegenüber stets Hilfspflichten, da diese in speziellen Beziehungen zum Menschen stehen, die in der Regel auf Dependenz und Vulnerabilität aufbauen. Zudem kann die Domestikation an sich, v. a. bezüglich der gegenwärtig dominierenden Formen, als Schädigung der nichtmenschlichen Tiere angesehen werden. Doch auch auf ‚kulturfolgende' und wildlebende nichtmenschliche Tiere treffen diese Kontexte häufig zu. Dafür, dass bei Vorliegen einer entsprechenden

8 Hierbei ist es nach vorliegendem Verständnis keine Bedingung, dass alle betroffenen Parteien die Beziehung als solche wahrnehmen, damit sie besteht. Je nach Definition von Beziehung, umfasst diese Bedingung mehr oder weniger. Im hier vertretenen Verständnis besteht eine (spezielle) Beziehung z. B. auch schon, wenn eine Amsel in meinem Garten brütet und wir dadurch gewissermaßen einen Lebensraum teilen.

9 Die Bedeutung dieser Bedingung sei mit einem Beispiel verdeutlicht: Um gegenüber einem angeschossenen, leidenden Hirsch *keine* Hilfspflicht zu besitzen, reicht es nicht aus, selbst nicht auf die Jagd zu gehen. Es ist dafür notwendig, ein_e Jagdgegner_in zu sein und diese Einstellung auch nach außen zu tragen.

Situation Hilfspflichten gegenüber ‚kulturfolgenden' und wildlebenden nichtmenschlichen Tieren bestehen, sprechen (zusätzlich zum bereits genannten) die nun ausgeführten Argumente.

Eine Begründung beruht auf der Widerlegung des Gegenarguments. Begründungsversuche, weshalb *keine* positiven Pflichten gegenüber wildlebenden und ‚kulturfolgenden' nichtmenschlichen Tieren bestehen sollten, sind nicht überzeugend. Hierbei werden in der Regel Argumente angeführt, die nicht das Wohl einzelner Individuen im Blick haben, sondern das ‚Gedeihen' von Arten, indem beispielsweise postuliert wird, Hilfeleistung für wildlebende nichtmenschliche Tiere würde dazu führen, dass die schwachen Individuen einer Spezies überleben und sich reproduzieren.[10] Solche Argumente sind lediglich aus einer Position zu vertreten, die Ganzheiten wie Arten einen moralischen Wert zuspricht oder aus einer anthropozentrischen Position, wenn die Spezies für den Menschen erhalten werden soll. Beide Positionen werden hier aus den in der Tierethik ausgearbeiteten Gründen (vgl. Fußnoten 4 und 5) abgelehnt.

Eine andere Begründung wurde von Jennifer Everett[11] entwickelt und findet sich in ähnlicher Form häufiger in der Literatur.[12] Sie argumentiert, wildlebende nichtmenschliche Tiere hätten andere Instinkte als domestizierte und es sei ein wesentlicher Punkt für das tierliche Gedeihen, dass sie diesen nachkommen können. Auf Grund dieser anderen Instinkte würde das Zu-Hilfe-Kommen gegen ‚die Natur' wildlebender nichtmenschlicher Tiere sprechen. Ein solches Argument ist problematisch, da es nicht immer zutrifft, dass menschliche Eingriffe zu einem Nicht-Gedeihen-Können führen. Kurzfristig und langfristig können menschliche Hilfeleistungen einem wildlebenden tierlichen Individuum mehr schaden als helfen oder aber auch mehr helfen als schaden. Es lasst sich kein allgemein gultiges Prinzip erstellen bezüglich des Verhinderns eines wesensgemäßen Gedeihens wildlebender nichtmenschlicher Tiere durch menschlichen Beistand.

10 Diese Annahme ist auch aus artenschützerischen Beweggründen zu verwerfen. Vgl. Gill Aitken: Conservation and Individual Worth. In: *Environmental Values* 6,4 (1997), S. 439–454.

11 Jennifer Everett: Environmental Ethics, Animal Welfarism, and the Problem of Predation: A Bambi Lover's Respect For Nature. In: *Ethics & the Environment* 6,1 (2001), S. 42–67.

12 Z. B. bei Baird Callicott: Animal Liberation and Environmental Ethics: Back Together Again. In: *Between the Species* (1988), S. 163–169.

Daraus folgt nicht zwangsläufig, dass positive Pflichten gegenüber wildlebenden und ‚kulturfolgenden' nichtmenschlichen Tieren bestehen, es zeigt jedoch, dass auch dieses Argument dagegen fehlschlägt. Ein weiteres Argument für solche Pflichten ist die Annahme, dass sich aus vergangenen Handlungen moralische Verantwortung ergibt.[13] Bei den hier besprochenen nichtmenschlichen Tieren ist in zahlreichen Hilfeleistung erfordernden Situationen davon auszugehen, dass in der Vergangenheit Interaktionen stattgefunden haben, die zu dieser Situation geführt haben. Z. B. führt erst der Bau einer Straße durch den Lebensraum nichtmenschlicher Tiere zu Begegnungen mit angefahrenen Rehen, Hasen etc. Es wird häufig eine gewisse Abhängigkeit geschaffen, z. B. wenn ‚Kulturfolger' auf die Bereitstellung von Nahrung durch den Menschen angewiesen sind oder eine gewisse Vulnerabilität, wenn z. B. eine Kaninchen-Population im Stadtpark nur überleben kann, solange dieser Park bestehen bleibt. Ich gehe davon aus, dass in zahlreichen Situationen, in denen ein nicht- domestiziertes nichtmenschliches Tier Hilfe benötigen würde, kausale Verstrickungen und Rahmenbedingungen vorherrschen, bei denen die potentiell helfende Person von den Umständen profitiert, die die Schädigung herbeiführen, wenn auch indirekt (beispielsweise durch das Bewohnen einer Siedlung, die ehemals tierlicher Lebensraum war, oder durch Vorteile resultierend aus der Existenz des Mobilitätssystems Auto). Hilfspflichten bestehen entsprechend für diejenigen, die durch ihre Handlungen direkt für die Schädigung verantwortlich sind, wie auch für diejenigen, die davon profitieren. Sollte diese Indirektheit ein Grund dafür sein, dass der Person, die das betroffene nichtmenschliche Tier findet, keine Beistandspflicht zukommt? Dies ist zu verneinen, da das Nutznießen an der Schädigung nichtmenschlicher Tiere und Teilhaben an Gesinnungen, die Schaden verursachen, auch einen Kontext darstellen, der Hilfspflichten generiert. So profitieren beispielsweise die meisten Menschen indirekt von dem Transportsystem Automobil, auch wenn sie selbst keines besitzen. Um der (zumindest schwachen) Pflicht zu entgehen, einem angefahrenen Reh zu helfen, müsste man daher vehemente_r Automobil-Gegner_in sein. Hinzu kommt jedoch die Annahme, dass das direkte Begegnen mit

13 Samuel Scheffler: Relationships and Responsibilities. In: *Philosophy & Public Affairs* 26,3 (1997), S. 189–209, hier S. 190.

einem leidenden Individuum einen speziellen Kontext darstellt, der zu Hilfspflichten führt. Dem_der Automobil-Gegner_in käme bei einer *direkten* Begegnung mit einem angefahrenen nichtmenschlichen Tier folglich ebenfalls eine Hilfspflicht zu.[14]
Ein weiteres Beispiel ist die Jagd. Menschen, die wildlebende nichtmenschliche Tiere als Nahrung zu sich nehmen, profitieren in starkem Maß von der Jagd und hätten somit Hilfspflichten gegenüber einem angeschossenen Eber, obwohl sie nicht selbst die Waffe bedient haben. Auch wenn das moralphilosophisch kontrovers diskutiert wird, wird hier also die Auffassung vertreten, dass nicht nur für direkte Handlungen Verantwortung übernommen werden sollte, sondern ebenso für die vertretene Geisteshaltung, wenn diese sich negativ auswirkt bzw. negative Auswirkungen billigend in Kauf genommen werden. Aus den oben genannten Kontexten, aus denen sich Hilfspflichten ergeben, folgt, dass sie nicht allen nichtmenschlichen Tieren gegenüber gleich bestehen. Bei wildlebenden nichtmenschlichen Tieren ist es denkbar, dass keiner dieser Kontexte besteht. Die Konsequenzen dieser Position werden im Folgenden mit Beispielen verdeutlicht.

3. Gnuseuche, panzerknackende Waschbären und hungernde Kaninchen – Wann sollen wir eingreifen?

In einer Population wildlebender Gnus ist eine, nicht vom Menschen verursachte, Krankheit ausgebrochen.[15] Impfmöglichkeiten bestehen nicht, die Ausbreitung der Krankheit könnte jedoch durch das Erschaffen einer Pufferzone eingedämmt werden. Dazu müssten einige Gnus getötet werden. Man geht also davon aus, durch

14 Dies führt in der Praxis dazu, dass alle, die einem angefahrenen Reh begegnen, diesem gegenüber eine Hilfspflicht besitzen, sofern die unter 1. genannten Voraussetzungen gegeben sind. Entweder auf Grund einer vergangenen Handlung (dem Bau der Straße), dem Profitieren vom Transportsystem Automobil oder der direkten Begegnung mit einem leidenden Individuum. Begründungstheoretisch besteht dennoch ein wichtiger Unterschied darin, ob sich die Hilfspflicht aus der Verantwortung für eigene Handlungen, dem Profitieren von Handlungen, dem Innehaben bestimmter Geisteshaltungen oder der Konfrontation mit Leid generiert. Zur Vertiefung dieser kontroversen philosophischen Debatten sei als wenige Beiträge von vielen auf die Literatur in den Fußnoten 6 und 13 verwiesen.

15 Das Beispiel findet sich in abgewandelter Form bei Palmer: *Animal Ethics in Context*, S. 146–148.

die Tötung dieser Gnus zahlreiche Gnus retten zu können. Sollte dies getan werden, um den dadurch überlebenden Gnus zu Hilfe zu kommen? Da dieses Zu-Hilfe-Kommen im hier besprochenen Fall mit der Schädigung anderer Individuen einhergehen würde, wäre es nach dem hier vertretenen pflichtenethischen Ansatz moralisch falsch, da eine Nicht-Schädigungs-Pflicht eine Hilfspflicht in der Regel übertrumpft. Und auch aus den in Kapitel 1 genannten Bedingungen dafür, dass eine Hilfspflicht besteht, ergibt sich, dass solch eine dann meist nicht besteht, wenn sich aus ihr Schaden für ein anderes Individuum generieren würde. Dies ist z.B. relevant in der naturschutzfachlich bedeutenden Frage, ob (empfindungsfähige) nichtmenschliche Tiere, die als invasive Art klassifiziert werden, getötet werden sollten, um damit anderen Individuen zu Hilfe zu kommen. Häufig fügen diese anderen nichtmenschlichen Tieren Schaden zu, wie z.B. Waschbären als einzige in Deutschland lebende Hundeartige in der Lage sind, den Panzer Europäischer Sumpfschildkröten zu knacken und diese so zu töten. Da eine Tötung eine Schädigung der Waschbären darstellt, ist diese moralisch falsch (auch wenn die vorherrschende Naturschutzpraxis sie oftmals fordert, wie auch die Eliminierung anderer ‚invasiver Arten' verlangt wird). Stattdessen sollten andere naturschutzfachliche Maßnahmen ersonnen werden, will man den Schildkröten beistehen. Eine Hilfspflicht den Schildkröten gegenüber besteht nicht zwangsläufig, sie ist kontextabhängig. Den Waschbären gegenüber besteht die negative Pflicht, sie nicht zu schädigen. Hilfeleistungen für die Schildkröten sind (moralisch) erlaubt, sie stellen eine supererogatorische Handlung dar (sofern kein pflichtengenerierender Kontext vorliegt), also eine Handlung, mit der mehr getan wird, als es Pflicht wäre. Beispielsweise könnten Maßnahmen zur Reduktion der Waschbär-Population ersonnen werden, die die Waschbären nicht oder nur in geringem Maße schädigen.[16]

Ebenso relevant ist die Bedingung, dass durch die Hilfe keinem anderen Individuum Schaden zugefügt werden darf, im Fall der Prädation. Das Retten einer Gazelle vor einer Löwin, würde der Löwin (und gegebenenfalls ihrem Nachwuchs) Schaden zufügen, da sich Löwen

16 Eine Schädigung in geringem Maße kann (moralisch) vertretbar sein, wenn dadurch den Schildkröten eine Schädigung in weit größerem Maße (der Tod) erspart bleibt. Ausführlicher hierzu Leonie Bossert: *Wildtierethik*. Baden-Baden: Nomos 2015, S. 127–142.

ausschließlich karnivor ernähren können. Würde man sie ständig am Töten der nichtmenschlichen Tiere hindern, die ihnen als Nahrung dienen, würde es zu ihrem Verhungern führen. Hindert man sie lediglich am Töten einer bestimmten Gazelle, fällt ihnen ein anderes Gazellen-Individuum (oder ein anderes nichtmenschliches Tier) zum Opfer, was zwar für die einzelnen Individuen einen großen, moralisch gesehen aber keinen Unterschied bedeutet. Auch hier übertrumpft die Nicht-Schädigungspflicht gegenüber der Löwin die potentielle Hilfspflicht gegenüber der Gazelle.

Ferner ergibt sich daraus, dass sich positive Pflichten aus Kontexten und Beziehungen generieren, dass sie denjenigen nichtmenschlichen Tieren gegenüber nicht bestehen, die in keinem relevanten Kontext zum Menschen stehen. Ob Wildkaninchen im Winter vor dem Verhungern geschützt werden sollten oder nicht, ist folglich abhängig davon, ob sie vom Menschen weitestgehend unbeeinflusst leben oder ob der Nahrungsmangel auf den Menschen zurückzuführen ist. Nur bei letzterem Fall bestehen Hilfspflichten. Ähnlich wie im Waschbär-Beispiel können die Konsequenzen bei Wildschweinen sein.[17] Deren Populationen nehmen in Mitteleuropa auf Grund des Nahrungsangebots durch die Landwirtschaft und die Renaturierung bestimmter Gebiete deutlich zu. Im Winter kommt es wegen der hohen Individuenanzahl zu Nahrungsengpässen, die zum Verhungern zahlreicher Individuen führen. Die gängige Praxis damit umzugehen, besteht im Abschießen der Wildschweine, um sie vor dem Hungertod ‚zu bewahren'. Hiermit wird jedoch die Nichtschädigungspflicht missachtet, die gegenüber den Wildschweinen besteht. Das Problem wird durch landwirtschaftliche und naturschutzpraktische Tätigkeit generiert, es besteht folglich ein spezieller Kontext, aus dem sich Hilfspflichten ergeben. Jede_r Mitteleuropäer_in profitiert von Landwirtschaft, etliche von der Praxis des Naturschutzes. Eine Hilfe in Form von Winterfütterung würde zwar die Individuen vor dem Verhungern schützen, langfristig das Problem jedoch verschärfen, da die Populationen weiter ansteigen würden und dadurch die Konkurrenz um Nahrung stetig zunehmen würde. Hier kann eine mögliche Lösung ebenfalls sein, Maßnahmen zur Populationsreduktion zu suchen, die

17 Mein Dank gilt einem_einer mir unbekannten Gutachter_in für die anregende Ausführung dieses Beispiels.

die Wildschweine nicht oder in gering(er)em Maße schädigen, z. B. dem Futter empfängnisverhütende Mittel beizumischen.[18]
Sowohl beim Waschbär-, als auch beim Kaninchen- und Wildschwein-Beispiel zeigt sich ein Problem des hier vertretenen Ansatzes: die Schwierigkeit, die verantwortliche Person auszumachen. Es handelt sich hierbei also um eine unvollkommene Pflicht (in Kontrast zu vollkommenen Pflichten), die von keiner konkreten Person eingefordert werden kann, sondern die besteht, ohne dass jemand bestimmtes ihr nachkommen muss. In so einem Fall scheint es sinnvoll, die Pflicht als gesamtgesellschaftliche Aufgabe anzusehen und sie in den Bereich ‚einzuordnen', der sich mit entsprechenden Fällen befasst. Bezüglich der hungernden Wildkaninchen und Wildschweine könnten das Tierschutz- bzw. Tierrechts- oder Naturschutzverbände und entsprechende Behörden sein.

Das Anerkennen und Umsetzen von Hilfspflichten gegenüber domestizierten, ‚kulturfolgenden' sowie zahlreichen wildlebenden nichtmenschlichen Tieren, bedarf vermutlich noch einiges an politischer ‚Überzeugungsarbeit', besonders in den Fällen, in denen monetäre Mittel aufgewendet werden müssten oder andere menschliche Interessen betroffen sind (wie z. B. im Fall von in Städten lebenden Ratten, die in der Regel unerwünscht sind). Einen Teil der bestehenden philosophischen Grundlage für solche Pflichten aufzuzeigen, das war das Anliegen dieses Beitrages. Damit verbunden ist die Hoffnung, die Diskussion zu diesem Thema zu bereichern und das Anerkennen und Umsetzen solcher Pflichten voranzutreiben.

18 Ein Eingriff in die Reproduktion der nichtmenschlichen Tiere kann als Schädigung angesehen werden, sie stellt jedoch ein geringeres Übel als der Tod dar und kann daher moralisch zulässig sein, vgl. Fn. 16. Eine Dilemma-Situation mag dagegen bei der Entwicklung empfängnisverhütender Mittel entstehen, wenn dafür Forschung an Wildschweinen oder anderen nichtmenschlichen Tieren getätigt wird.

Wilde Tiere in gesetzlichen Grenzen

Clemens Butzert

Die Rechtsordnung bezeichnet mit dem Begriff „wild" eine unberechenbare Eigenschaft, die auf Tier- oder Menschenverhalten oder Wetter- und Umwelteinflüssen beruht. So beschreibt § 7 Abs. 2 Nr. 2 BNatSchG wildlebende Pflanzen, die ohne Aussaat oder Pflanzung wachsen.[1] Wild abfließendes Wasser wird nach § 21 Abs. 1 HessNachbarRG als oberirdisch außerhalb eines Bettes abfließendes Quell- oder Niederschlagswasser definiert. Wild lagernder Müll ist nach § 2 S. 1 HessAKrWG Abfall, der auf tatsächlich frei zugänglichen Flächen widerrechtlich lagert und an dem kein Besitz besteht. Auch auf unkontrolliertem verbotenem Verhalten beruhen u. a. wildes Plakatieren[2], Baden[3] und Campen[4]. Meist ist die Wildheit im Recht aber mit Tieren verbunden. Ein Tier wird für wild gehalten, wenn es einer Art angehört, die nicht oder nicht nur der Mensch domestiziert und kultiviert[5] und die normalerweise frei von menschlicher Kontrolle lebt.[6] Diese Wildheit möchte der Mensch gesetzlich beherrschen.

I) Wilde Tiere im Umfeld des Menschen

Da unberechenbare Wildtiere teils im Umfeld des Menschen auftreten, will man das wilde Verhalten rechtlich mit der organisierten Zivilisation vereinbaren und diese vor Wildtieren schützen. Wilde Tiere können je nach Art Chaos und Unordnung verursachen. Daher droht nach § 121 Abs. 1, 2 OWiG bereits dem eine Geldbuße, der ein gefährliches Tier einer wildlebenden Art sich frei umherbewegen lässt oder als Aufsichtspflichtiger nicht die nötigen Vorsichtsmaßnahmen trifft, um Schäden durch das Tier zu verhüten. Diese Tiere gelten

1 Martin Gellermann. In: Robert v. Landmann / Gustav Rohmer (Hrsg.): *UmweltR*. 74. Erg.-lief. München: Beck 2014, § 7 BNatSchG, Rn. 14.

2 BVerfG. Beschluss v. 10.12.2001 – 2 BvR 108/01; vgl. § 15 ThürOBG.

3 BGH: Urteil v. 18.10.1988 – VI ZR 94/88.

4 OLG Düsseldorf: Urteil v. 4.12.1997 – 18 U 35/97.

5 Gellermann: *UmweltR*, § 7 BNatSchG, Rn. 13.

6 Karl-Heinz Gursky. In: Julius v. Staudinger (Hrsg.): *BGB*. Neubearb. 2011. Berlin: Sellier-de Gruyter 2011, § 960, Rn. 1; Karl-Heinz Kurz. In: Lothar Senge (Hrsg.): *Karlsruher Kommentar OWiG*. 4. Aufl. München: Beck 2014, § 121, Rn. 4.

generell als gefährlich, auch junge, kranke und zahme oder zähmbare Exemplare.[7]

1) Verbotene Haustiere

Einige Bundesländer verbieten die nicht gewerbsmäßige Haltung gefährlicher Wildtiere. Hessen und Thüringen definieren hierzu in § 43a Abs. 1 S. 2 HessSOG[8] bzw. § 3 Abs. 1 Nr. 1 ThürTierGefG Tiere als gefährlich, die in ausgewachsenem Zustand Menschen durch Körperkraft, Gift oder Verhalten erheblich verletzen können und ihrer Art nach unabhängig von individuellen Eigenschaften allgemein gefährlich sind. Bayern hält eine Tierart für gefährlich, die erfahrungsgemäß Gefahren für Leben, Gesundheit, Eigentum oder Besitz erwarten lässt.[9] Konkret betrifft das Haltungsverbot u. a. in Hessen, Bayern, Niedersachsen und Thüringen z. B. Menschenaffen, Großbären, Raubkatzen, Krokodile, Giftschlangen und -spinnen.[10] Haltungsgenehmigungen werden ausnahmsweise erteilt, in Hessen nach § 43a I S. 3, 4 HessSOG bei berechtigtem Interesse wie zur Forschung.[11] Bayern stellt in Art. 37 II S. 1 BayLStVG zudem klar, dass eine Erlaubnis nur erteilt wird, wenn der Antragsteller zuverlässig ist und keine Gefahren für Leben, Gesundheit, Eigentum oder Besitz entgegenstehen. Ähnliches verlangt § 4 I ThürTierGefG. Auch die §§ 1 II, 2 NiedersGefTVO knüpfen an den Schutz von Rechtsgütern Dritter an.

7 Joachim Bohnert: *OWiG*. 3. Aufl. München: Beck 2010, § 121, Rn. 2; Bernhard Weiner. In: Jürgen P. Graf (Hrsg.): *Online-Kommentar OWiG*. Stand: 15.7.2014. München: Beck, § 121, Rn. 4; Kurz. In: Senge (Hrsg.): *KK OWiG*, § 121, Rn. 4.

8 Ähnliche Regelungen in anderen Bundesländern, u. a. ThürTierGefG, NiedersGefTVO, Art. 37 BayLStVG oder § 29 SchlHolstLNatSchG.

9 BayOLG: Beschluss v. 12.11.1985 – 3 Ob OWi 129/85; ähnlich auch § 29 S. 1 SchlHolstLNatSchG.

10 Hessen: Liste gefährlicher Tierarten nach § 43a Abs. 1 S. 2 HessSOG; Bayern: Anl. 1 des StaatsMin des Innern zu Ziff. 37.1 BayLStVG; Thüringen: ThürWildtierGefVO zu § 3 Abs. 1 Nr. 1 ThürTierGefG; Niedersachsen: § 1 I NiedersGefTVO, Anl. zu § 2 Satz 1.

11 Johannes-Ulrich Pöhlker / Andreas Hoja: *HSOG*. 5. Aufl. / 18. Nachl. Wiesbaden: Kommunal- u. Schul-Verlag 2010, § 43a, S. 1–2; Kurt Meixner / Dirk Fredrich: *HSOG*. 11. Aufl. Stuttgart u. a.: Boorberg 2010, § 43a, Rn. 2.

2) Wildtiere im Verkehr

Wildtiere können im Schienen-[12], Luft-[13] und Straßenverkehr Unfälle verursachen. Im Straßenverkehr führt die amtliche Statistik für 2013 2.601 Wildunfälle[14] und der Deutsche Jagdverband für 2012/2013 sogar 230.764 Wildtiere auf, die meist im Straßenverkehr starben.[15] Die Versicherungen listen für 2013 247.000 PKW-Wildunfälle mit Kosten von 260 Mio. Euro.[16] Unfälle mit Kleintieren, die nicht jagdbar sind und keine Schäden bewirken, nennen die Statistiken nicht.

Der BGH beschrieb einen Wildunfall in einem Urteil, das einen Flugausfall wegen Vogelschlag behandelte, als unvorhersehbar und unbeherrschbar. Vogelschlag trete beliebig auf wie ein Naturereignis.[17] Unfälle mit Vögeln, die zu Schäden am Luftfahrzeug oder Ausfall oder Störungen wesentlicher Funktionen geführt haben, sind nach § 5b LuftVO in Verbindung mit A) Nr. 7 b) der Anl. 6 dem Luftfahrt-Bundesamt zu melden.[18] Solche Zusammenstöße gefährden laut § 5b Abs. 1 S. 1 LuftVO das Luftfahrzeug, seine Insassen oder Dritte. Daher sind nach Nr. 2 der Richtlinien zur Verhütung von Vogelschlägen[19] Maßnahmen zur Verhinderung von Vogelschlagschäden zu ergreifen, um nach § 29 LuftVG Gefahren für die Sicherheit des Luftverkehrs sowie für die öffentliche Sicherheit oder Ordnung durch die Luftfahrt abzuwenden und einen sicheren und ordnungsgemäßen Flughafenbetrieb nach § 45 Abs. 1 LuftVZO zu gewährleisten. Vögel

12 Wenige Daten verfügbar, 2013 auf den Schnellfahrstrecken 18 größere Unfälle mit 107.202 Euro Gesamtschaden, BT-Drucksache 18/2522, S. 3–4.

13 2014 meldeten deutsche Luftfahrtunternehmen 1.142 Vogelschläge. DAVVL e. V. http://www.davvl.de/de/aktuelles/2015/zahl-der-vogelschlagereignisse-der-luftfahrt nimmt weiter zu (Zugriff am 07.05.2015). Sehr viele Fälle werden wegen fehlender Schäden am Flugzeug nicht gemeldet. Markus Deutsch: Vogelschlagproblematik an Flughäfen. In: Michael Stubbe (Hrsg.): *Wildtiere im urbanen und suburbanen Siedlungsraum*. Halberstadt: GWJF 2013, S. 373–383, hier S. 373.

14 Destatis: *Verkehrsunfälle 2013*. Wiesbaden: Destatis 2014, S. 277, 279; BT-Drucksache 18/2522, S. 2.

15 DJV: *Wildunfall-Statistik 2012/2013*. https://www.jagdverband.de/sites/default/files/Wildunfallstatistik%2012-13_Bundesl%C3%A4nder_.pdf (Zugriff am 07.05.2015).

16 GDV. *Wildunfallstatistik*. http://www.gdv.de/2011/10/zahl der wildunfaelle sinkt-leicht/ (Zugriff am 07.05.2015).

17 BGH: Urteil v. 24.9.2013 – X ZR 160/12.

18 2014 meldeten deutsche Luftfahrtunternehmen 413 solcher Fälle. LBA. http://www.lba.de/DE/Presse_POE/Statistiken/Stoerungsmeldungen.html (Zugriff am 07.05.2015).

19 Richtlinien zur Verhütung von Vogelschlägen im Luftverkehr v. 1974.

sollen von Flughäfen ferngehalten werden und ihnen und anderen Tieren dort nach Nr. 5 der Richtlinien kein attraktiver Lebensraum geboten werden. Auch sollen Vögel bejagt und vergrämt werden.[20] Im Flughafenumfeld wird nach Nr. 5 der Vogelbestand durch Vergrämen, Jagd, Umsiedlung und Landschaftsumgestaltung niedrig gehalten.[21] Im Bahn- und Straßenverkehr sollen Wildunfälle u. a. durch Zäune, Wälle, Warnanlagen, Reflektoren und Bauten als Querungshilfen vermieden werden.[22] An schnellen Straßen, die oft Wild passiert, werden Gefahrzeichen nach § 40 Abs. 6 Anl. 1 Abschn. 1 Zeichen 142 installiert,[23] die vor Wildwechseln warnen.[24] Ein Kraftfahrer hat dort langsamer und so zu fahren, dass er beim plötzlichen Auftreten wilder Tiere rechtzeitig bremsen oder ausweichen kann. Zweck des Zeichens Nr. 142 ist, dass der Fahrer beim Ausweichen oder Aufprall nicht die Herrschaft über sein Fahrzeug verliert und sich und andere Verkehrsteilnehmer gefährdet.[25] Der Tierschutz ist hier wenig relevant. Demgemäß soll ein Fahrer vor Kleintieren nicht ausweichen, wenn er ansonsten durch Ausweichmanöver den Gegenverkehr gefährden würde. Weicht er doch aus, wird ihm wegen Unfallschäden grobe Fahrlässigkeit angelastet.[26]

20 Christoph Morgenroth: Bird Control an deutschen Verkehrsflughäfen. In: *Vogel und Luftverkehr* 23,1 (2003), S. 5–12, hier S. 5–11.

21 Deutsch: Vogelschlagproblematik, S. 376, 378–379; Michael Breuer: Bewertung von potenziell vogelschlagrelevanten Flächen außerhalb von Flughäfen. In: *Vogel und Luftverkehr* 26,2 (2006), S. 5–26, hier S. 6–8.

22 BT-Drucksache 18/2522, S. 5, 7–9; Martin Gellermann / Matthias Schreiber: *Schutz wildlebender Tiere und Pflanzen in staatlichen Planungs- und Zulassungsverfahren*. Berlin u. a.: Springer 2007, S. 40; siehe auch das Bundesprogramm Wiedervernetzung v. 29.02.2012 zur Verbindung von Lebensräumen.

23 VwV-StVO zu Zeichen 142 Wildwechsel.

24 Vor Amphibienwanderungen kann nach § 39 VIII StVO ein besonderes Gefahrzeichen warnen.

25 Michael Burmann / Rainer Heß / Jürgen Jahnke / Helmut Janker: *StraßenverkehrsR*. 23. Aufl. München: Beck 2014, § 3 StVO, Rn. 44; BGH: Urteil v. 13.7.1989 – III ZR 122/88.

26 BGH: Urteil v. 06.07.1976 – VI ZR 177/75; BGH: Urteil v. 18.12.1996 – IV ZR 321/95; Dirk Halbach. In: Jürgen Veith / Jürgen Gräfe (Hrsg.): *Der Versicherungsprozess*. 2. Aufl. München: Beck 2010, § 5, Rn. 179.

3) Wildtiere als Krankheitsüberträger

Viele Tierkrankheiten können über Kontakte mit Tieren oder den Verzehr deren Fleisches auf Menschen übergehen (Zoonosen).[27] Wilde Tiere unterliegen daher wie Agrartiere einem ständigen Monitoring.[28] Ausbrüche gefährlicher Tierseuchen wie Tollwut, Geflügelpest, Milzbrand oder Rindersalmonellose sind nach § 4 TierGesG und der TierSeuchAnzV den zuständigen Behörden anzuzeigen.[29] Diese leiten die Bekämpfungs- und Verhinderungsmaßnahmen nach dem TierGesG ein.[30] Besonders auf wilde Tiere bezogen sind z. B. die das TierGesG ergänzenden Verordnungen zur Bekämpfung von Tollwut und Geflügelpest. So sind tollwütige Wildtiere nach § 11 S. 1 TollwV zu erlegen. Weiter werden Wildtiere nach §§ 2, 3a, 12 TollwV zur Seuchenvorbeugung bzw. bekämpfung verstärkt bejagt, geimpft oder untersucht. Im Fall von Geflügelpest bei Wildvögeln werden nach §§ 55 f. GeflPestSchV Sperrbezirke und Beobachtungsgebiete eingerichtet. Geflügelbetriebe werden darin isoliert und die Jagd beschränkt. Besser einzudämmende Zoonosen werden nicht staatlich bekämpft, sind aber nach der TKrMeldpflV zum Überblick den Behörden mitzuteilen.[31] Verendetes herrenloses Wild ist nach § 7 Abs. 3 TierNebG grundsätzlich zu melden und nach § 3 S. 1 Nr. 1 TierNebG sowie Kap. 2 Art. 4 Abs. 1 Nr. V EG-Verordnung 1774/2002 amtlich zu beseitigen, wenn es verdächtig ist, mit einer übertragbaren Krankheit infiziert zu sein.

4) Schadensersatz für Tierverhalten

Generell besteht kein Schadensersatzanspruch aus Unfällen, die auf wildlebende Tiere zurückgehen. Wilde Tiere wie Wildschweine, die Gärten durchwühlen, oder Marder, die PKWs beschädigen, sind weder einem Menschen noch dem Staat zuzuordnen. Ausnahmsweise

27 Brigitte Loos-Frank / Franz-Rainer Matuschka / Thomas Romig: Zoonosen wild lebender Säugetiere in BaWü. In: Monika Braun / Fritz Dieterlen (Hrsg.): *Die Säugetiere Baden-Württembergs*, Bd. 1. Stuttgart: E. U. 2003, S. 216–229, hier S. 216.

28 BfR: *Erreger von Zoonosen in Dtl. 2012*. Berlin: BfR 2014, S. 9–11, 15–21.

29 Hartmut Krauss / Albert Weber / Max Appel / Burkhard Enders / Alexander von Graevenitz / Henry D. Isenberg / Hans Gerd Schiefer / Werner Slenczka / Horst Zahner: *Zoonosen*. 3. Aufl. Köln: DÄV 2004, S. 586.

30 Vgl. EG-Verordnung 2160/2003.

31 Krauss / Weber / Appel / Enders / v. Graevenitz / Isenberg / Schiefer / Slenczka / Zahner: *Zoonosen*, S. 586–587.

ersetzen einige Bundesländer Schäden an Nutztieren durch die großen Beutegreifer Wolf, Bär und Luchs. So kann laut § 40 Abs. 6 SächsNatSchG nach Maßgabe der Haushaltsmittel ein Ausgleich gezahlt werden, wenn der Betroffene alle zumutbaren Schutzvorkehrungen getroffen hat. Der Schadensausgleich soll die Landwirte etwas entlasten und die Akzeptanz der wiederangesiedelten Tiere steigern.[32]

Schäden, die jagdbare Wildtiere einem Grundstück zufügen, das einem Gemeinschaftsjagdbezirk angehört oder einem solchen Jagdbezirk oder einem Eigenjagdbezirk angegliedert ist, hat der Jagdausübungsberechtigte nach §§ 29 ff. BJagdG zu ersetzen.[33] Ihm wird über sein Jagdrecht auf dem beschädigten Grundstück das Tierverhalten zugerechnet, aber nicht für Schäden an Sachen und Personen.

Für das Verhalten eines unfreien Wildtiers dagegen haftet ggf. ein Tierhalter oder -aufseher. Nach §§ 833, 834 BGB hat er bei Vorliegen aller Voraussetzungen Schäden zu ersetzen, die nach § 833 S. 1 BGB „durch ein Tier" entstanden sind. Dem Schaden muss eine typische Tiergefahr zugrunde liegen, die auf einem der tierischen Natur entsprechenden unberechenbaren und selbstständigen Tierverhalten beruht.[34] Die Haftungspflicht gründet auf der sozialen Verantwortung der Tierhalter und -aufseher, die die Allgemeinheit Gefahrenrisiken aussetzen, die von unberechenbaren Tieren aus dem eigenen Herrschaftsbereich ausgehen, was die Allgemeinheit dulden muss.[35] Auch die behördliche Abwehr akuter Tiergefahren wendet sich an Aufseher und Eigentümer, z. B. nach § 7 HessSOG und § 8 ThürPAG.

32 Siehe z. B. BayAusglR „Ausgleichsfond Große Beutegreifer"; BrandenbRLWolfsschäden; FöRiWolf M-V; NiedersWolfRL.

33 Detlev W. Belling. In: Julius v. Staudinger (Hrsg.): *BGB*. Neubearb. 2012. Berlin: Sellier-de Gruyter 2012, § 835, Rn. 4, 6; Christian Katzenmeier. In: Barbara Dauner-Lieb / Werner Langen (Hrsg.): *BGB*. Bd. 2. 2. Aufl. Baden-Baden: Nomos 2012, § 835, Rn. 2.

34 BGH: Urteil v. 20.12.2005 – VI ZR 225/04; Gerhard Wagner. In: Franz J. Säcker / Roland Rixecker (Hrsg.): *Münchener Kommentar BGB*. Bd. 5. 6. Aufl. München: Beck 2013, § 833, Rn. 9.

35 BGH: Urteil v. 06.07.1976 – VI ZR 177/75; Jürgen Bornhövd: Zur Tierhaltung. In: *VersR* 1979, S. 398–402, hier S. 398; Wagner. In: Säcker / Rixecker (Hrsg.): *MüKo BGB*. Bd. 5, § 833, Rn. 10; Kurt Haag. In: Reinhart Geigel (Hrsg.): *Der Haftpflichtprozess*. 26. Aufl. München: Beck 2011, Kap. 18, Rn. 8.

II) Rechte von Menschen an Wildtieren

Da Tiere zwar nach § 90a S. 1 BGB keine Sachen sind, aber nach § 90a S. 3 BGB als solche behandelt werden, kann Menschen Eigentum oder Besitz an ihnen zustehen.[36]

1) Rechte am gefangenen oder zahmen Wildtier

Beherrscht ein Mensch ein vormals wildlebendes Tier durch Zähmung oder physische Mittel, die es an der Flucht hindern, kann er im Sinne von § 960 BGB dessen Eigentümer sein. Das Wildtier wird dabei, auch wenn es nicht mehr wild und frei lebt, weiter als wildes Tier gesehen, das instinktiv frei sein will.[37] Gelangt nämlich ein gefangenes ungezähmtes Tier wieder in Freiheit, wird es nach § 960 Abs. 2 BGB herrenlos und der bisherige Eigentümer verliert seine Rechte daran. Das Tier lebt wieder wild und frei von menschlicher Kontrolle. Um seine Rechte an dem Tier zu wahren, muss es der Eigentümer verfolgen und „eine bestimmte äußere Nähe bewahren“, mittels der er es unter physischer Kontrolle hält.[38] Auch ein zahmes Wildtier, das aus Instinkt und Gewohnheit bei seinem Eigentümer bleibt und stets zu ihm zurückkehrt, kann sich aus der Stellung als Eigentumsgegenstand befreien.[39] Es muss nach § 960 Abs. 3 BGB die von psychischer Einwirkung des Menschen getragene Gewohnheit ablegen, an den ihm bestimmten Ort zurückzukehren, und wieder ein Leben als Wildtier annehmen.[40] Für Bienenschwärme regeln speziell die §§ 961 ff. BGB den Eigentumsverlust bei Auszug aus einem Bienenstock des bisherigen Eigentümers, der den Schwarm verfolgen darf.[41]

36 Carolin Raspé: *Die tierliche Person*. Berlin: Duncker & Humblot 2013, S. 277–278; Birgit Brüninghaus: *Die Stellung des Tieres im BGB*. Berlin: Duncker & Humblot 1993, S. 59–60, 122.

37 Kurt Meixner: *Das Jagdrecht in Hessen*. Erg.-Lief. April 2014. Wiesbaden: Kommunal- u. Schul-Verlag 2014, § 1 Nr. 1 BJagdG, Rn. 5; Gursky. In: Staudinger (Hrsg.): *BGB*, § 960, Rn. 2; Martin Avenarius: Der Freiflug des Falken. In: *NJW* 1993, S. 2589–2590, hier S. 2590.

38 Avenarius: Freiflug des Falken, S. 2589.

39 Juergen Oechsler. In: Säcker / Rixecker (Hrsg.): *MüKo BGB*. Bd. 6. 6. Aufl. München: Beck 2013, § 960, Rn. 1–2, 5; Gursky. In: Staudinger (Hrsg.): *BGB*, § 960, Rn. 13.

40 Avenarius: Freiflug des Falken, S. 2589.

41 Brüninghaus: *Stellung des Tieres*, S. 57.

Wie für das Eigentum ist auch für den Besitz aus § 854 BGB, der die tatsächliche Gewalt über das Tier erfordert, entscheidend, ob das Tier wild lebt.[42]

2) Rechte am wildlebenden Tier

Wenn ein Wildtier nicht Eigentum oder Besitz unterliegt, lebt es wild und frei. Ein Mensch kann aber nach § 958 Abs. 1 BGB Eigentümer eines solchen herrenlosen Tiers werden, wenn er es in Besitz nimmt und dessen freies Leben beendet.[43] Demgemäß dürfen wildlebende Tiere nach § 1 I S. 1 BJagdG unter den Bedingungen der Jagdgesetze bejagt werden,[44] sofern die betreffende Tierart nach § 2 BJagdG oder Ländergesetzen dem Jagdrecht unterliegt. Parallel dazu dürfen Fische nach SeeFischG und den Länderfischereigesetzen gefangen werden. Jagen und fischen und sich damit Tiere aneignen gemäß § 958 Abs. 1 BGB dürfen aber nur nach den Jagd- und Fischereigesetzen berechtigte Personen. Wer als Nichtberechtigter ein wildlebendes Tier, das jagd- oder fischbar ist, in Besitz nimmt, erlangt nach § 985 Abs. 2 BGB kein Eigentum. Vielmehr greift er in das Jagd- bzw. Fischereirecht eines anderen ein[45] und begeht nach § 292 StGB Jagdwilderei oder nach § 293 StGB Fischwilderei.

III) Rechte von Wildtieren gegenüber Menschen

Wildtiere ihrerseits sind durch Gesetze des Menschen geschützt. Weiter wird diskutiert, ob ihnen schon aus sich selbst heraus Individualrechte zustehen.

1) Tier- und Artenschutz

Schon im Zivilrecht müssen Tiereigentümer nach § 903 S. 2 BGB die Tierschutzvorschriften beachten, womit ausgehend vom Staatsziel Tierschutz in Art. 20a GG[46] öffentlich-rechtliche Normen gemeint

42 Jörg Fritzsche. In: Heinz G. Bamberger / Herbert Roth (Hrsg.): *Online-Kommentar BGB*. Stand: 01.02.2015. München: Beck, § 854, Rn. 38.

43 Günter Tesmer: Die wilden Tiere. In: *AgrarR* 1974, S. 149–152, hier S. 149.

44 Ernst Metzger. In: Albert Lorz (Hrsg.): *JagdR/FischereiR*. 4. Aufl. München: Beck 2011, § 2 BjagdG, Rn. 7.

45 Tesmer: Die wilden Tiere, S. 149.

46 Rupert Scholz. In: Theodor Maunz / Günter Dürig (Hrsg.): *GG*. 71. Erg.-lief. München: Beck 2014, Art. 20a, Rn. 59, 69.

sind. Der Mensch hat nach § 1 TierSchG Leben und Wohlbefinden des Tiers als Mitgeschöpf zu schützen und darf ihm ohne vernünftigen Grund keine Schmerzen, Leiden oder Schäden zufügen.[47] Neben Unterlassungspflichten ergibt sich daraus z. B. eine Pflicht zur Behandlung eines Tiers, das ein Mensch rechtswidrig verletzt hat. Nicht eingegriffen werden soll, wenn Wildtiere durch Naturereignisse geschädigt wurden.[48] Kranke Wildtiere können aber nach § 45 Abs. 5 BNatSchG vorbehaltlich des Jagd- und Artenschutzrechts in Pflege genommen werden.[49] Die §§ 37 ff. BNatSchG regeln den Artenschutz, wobei Jagd- und Fischereirecht unberührt bleiben. Wildlebende Tiere und ihre Lebensräume sollen danach gegenüber der Zivilisation erhalten und wenig gestört werden.[50] Härtere Verbote enthält § 44 BNatSchG für besonders und streng geschützte Wildtierarten nach § 7 Abs. 2 Nr. 13 bzw. 14 BNatSchG und europäische Vogelarten aus § 7 Abs. 2 Nr. 12 BNatSchG. Besonders vor der baulich vorrückenden Zivilisation sind Wildtiere zu schützen, so im Autobahnbau.[51] In der kommunalen Bauplanung wird nach § 2 Abs. 4 BauGB u. a. wegen zu beachtender Auswirkungen auf Tiere nach § 1 Abs. 1 Nr. 7 a) BauGB ein Umweltbericht gefertigt dessen Ergebnisse abzuwägen sind. Das BNatSchG wird mit beachtet.[52] Speziell sind nach § 41 BNatSchG Vögel an Energiefreileitungen gegen Stromschlag zu schützen. Besonders tangiert die Jagd den Wildtierschutz, wobei das Jagdrecht spätestens wegen des Staatsziels Tierschutz aus Art. 20a GG von 2002 anzupassen ist. Zunächst hat Baden-Württemberg 2014 ein neues Jagd- und Wildtiermanagementgesetz erlassen, das den Tierschutz stärker würdigt und u. a. jagdbare und geschützte Tierarten neu einteilt, die Jagdzeit kürzt und Fütterungen

47 Ansonsten werden ggf. Straftaten verwirklicht, wie Tierquälerei nach § 17 TierSchG.

48 OVG Münster, Beschluss v. 06.03.1996 – 13 A 638/95; Gregor Thüsing: Das Leiden eines Tieres. In: *NVwZ* 1997, S. 563–564, hier S. 564.

49 OVG Koblenz, Urteil v. 06.11.2014 – 8 A 10469/14.OVG.

50 Tobias Hellenbroich. In: Walter Frenz / Hans-Jürgen Müggenborg (Hrsg.): *BNatSchG*. Berlin: ESV 2011, § 37, Rn. 6–9, 14.

51 Siehe z. B. den Konflikt um die Kammmolchpopulation im Baugebiet der A 44. BVerwG, Urteil v. 28.03.2013 – 9 A 22.11.

52 Werner Klinge: Bauleitplanung und Artenschutz. In: *NuR* 2010, S. 538–543, hier S. 540; Margit Egner: Die Systematik des Artenschutzrechts in der Bauleitplanung. In: *NuR* 2011, S. 758–762, hier S. 758–759.

und Totschlagfallen verbietet.[53] Grenzen finden Jagdbeschränkungen aber im Eigentumsgrundrecht aus Art. 14 GG, zu dem das Jagdrecht auf einem Grundstück gehört.[54] Zu beachten ist auch, dass Jäger die jagdbaren Tiere z. B. nach § 1 Abs. 1 BJagdG neben der Jagd zu hegen haben, womit nach § 1 Abs. 2 S. 1 BJagdG ein artenreicher und gesunder Wildbestand erhalten werden soll.[55] Dieser Tierschutz sichert aber vor allem auch den Tierbestand für künftige Jagden und konzentriert sich oft auf jagdlich relevante Arten.[56] Andere Tierschutzmaßnahmen beruhen neben ethischen Erwägungen jedoch ebenso auf Interessen des Menschen. Dieser will sich einmal ein für ihn lebenswichtiges Ökosystem, aber auch einen Raum ungeordneter Wildnis abseits der Zivilisation bewahren, in dem er Natur, Tiere und Wetter als Abenteuer erleben oder sich erholen kann.[57]

2) Tierrechte

Aus der Benennung als Mitgeschöpf in § 1 TierSchG kann gelesen werden, dass einem Tier wie einem Menschen subjektive Rechte wie auf körperliche Unversehrtheit zustehen.[58] Verfassungsrechtlich enthält Art. 20a GG den ethischen Tierschutz, der wegen deren gesteigerter Leidens- und Empfindungsfähigkeit vor allem höher entwickelte Tiere betrifft.[59]

Der Gesetzgeber wollte damit keine Tierrechte schaffen.[60] Da Art. 20a GG aber die Menschen verpflichtet, Tiere pathozentrisch um der Tiere Willen zu schützen, wird ihnen faktisch ein Status als Rechtssubjekt zugewiesen. In § 90a S. 3 BGB wird ein Tier dennoch weiter als Sache behandelt und nicht als eine Art von Person oder ähnliches.[61]

53 BaWü LT-Drucksache 15/6132.

54 Michael Brenner: Vom Jagdrecht zum „Wildtiermanagement". In: *DÖV* 2014, S. 232–240, hier S. 234–235.

55 Metzger. In: Lorz (Hrsg.): *JagdR/FischereiR*, § 1 BjagdG, Rn. 16–17.

56 Wilhelm Bode / Elisabeth Emmert: *Jagdwende*. 3. Aufl. München: Beck 2000, S. 82–83; Hubertus Hiller: *Jäger und Jagd*. Münster: Waxmann 2003, S. 66–67, 133.

57 Vgl. § 1 Abs. 1 BNatSchG.

58 Scholz. In: Maunz / Dürig (Hrsg.): *GG*, Art. 20a, Rn. 72–73.

59 BT-Drucksache 14/8860, S. 3; Malte-Christian Gruber: *Rechtsschutz für nichtmenschliches Leben*. Baden-Baden: Nomos 2006, S. 174–175.

60 BT-Drucksache 14/758, S. 4.

61 Gruber: *Rechtsschutz*, S. 178; Raspé: *Tierliche Person*, S. 285–286, 296–297, 320–321.

Klargestellt werden könnte der Status der Tiere durch viel diskutierte „Tier-Grundrechte“ oder einen „Personenstatus“, verbunden mit gestärkten prozessualen Möglichkeiten[62] neben den Rechtsbehelfen der Naturschutzverbände aus § 64 BNatSchG, dem UmwRG oder Ländergesetzen.

Letztlich bleibt die Rechtsordnung insgesamt aber anthropozentrisch auf den Menschen ausgerichtet. Tiere sind ihm untergeordnet und auf die Rechte angewiesen, die er ihnen gewährt.[63] Das gilt auch für wildlebende Tiere, obgleich sie gegenüber Haustieren weniger intensiv unmittelbarer menschlicher Kontrolle und Rechten unterliegen.[64]

IV) Fazit

Wildheit bedeutet für Menschen Unsicherheit. Daher versuchen sie, unvorhergesehenes und unlogisches Tierverhalten fernzuhalten und rechtlich zu ordnen, wo es die Zivilisation betrifft. Ihr Alltag soll nicht von gefährlichen, kranken oder nur wildlebenden Tieren gestört werden. Zudem ist für durch freie Wildtiere verursachte Schäden meist niemand ersatzpflichtig. Das unbeherrschte Leben wilder Tiere eröffnet jedoch auch Jagdmöglichkeiten. Ein Mensch darf Besitz und Eigentum an einem freien Wildtier begründen und es töten.

Aus Sicht des Tiers dagegen bedeutet die Freiheit aus § 960 BGB nur eine andere Art der rechtlichen Herrschaft des Menschen. Trotzdem wird ein wildlebendes Tier gegenüber einem gefangenen oder gezähmten Tier, an dem dauerhaft Besitz und Eigentum bestehen, weniger intensiv beherrscht. Das spiegelt auch der Tier- und Artenschutz wider. Die Erhaltung wildlebender Tierarten und ihrer Lebensräume und der Schutz einzelner Tiere vor unnötigen Qualen

62 Raspé: *Tierliche Person*, S. 298–300, 306–307, 320–321, 323–331; Brüninghaus: *Stellung des Tieres*, S. 133–134; Klaus Petrus: *Tierrechtsbewegung*. Münster: Unrast 2013, S. 39–40; Johannes Caspar: *Tierschutz im Recht der modernen Industriegesellschaft*. Baden-Baden: Nomos 1999, S. 519–520; Sue Donaldson / Will Kymlicka: *Zoopolis*. Oxford: Oxford UP 2013, S. 175, 205–206.

63 Johannes Caspar / Michael W. Schröter: *Das Staatsziel Tierschutz in Art. 20a GG*. Bonn: Köllen 2003, S. 25–26, 34; Scholz. In: Maunz / Dürig (Hrsg.): *GG*, Art. 20a, Rn. 75–76.; Brüninghaus: *Stellung des Tieres*, S. 59; Gruber: *Rechtsschutz*, S. 179.

64 Raspé: *Tierliche Person*, S. 280.

und Verletzungen beruhen aber auf menschlichen Interessen und Moralvorstellungen. Obwohl das Tier heute durch Art. 20a GG stärker denn je geschützt ist und gegebenenfalls einmal eigene „Grundrechte“ erhält, bleibt es der rechtlichen Prägung der überlegenen Menschheit unterworfen.

Grenzgänger zwischen „wild“ und „zahm“

Zahmes Wild?

Zu den organisatorischen Hintergründen der spektakulären Jagderfolge frühneuzeitlicher Fürsten

Nadir Weber

Der bayerische Kurfürst Maximilian II. Emanuel forcierte, beizte, schoss oder fing zwischen 1715 und 1725 gemäß einer zeitgenössischen Quelle insgesamt 39.715 „Thüere", darunter 349 Hirsche, 1.013 Rehe, 2.435 Wildschweine, 2.042 Hasen, 325 Reiher, 1.022 Meisen, 2.357 Fasanen, 3.752 Rebhühner und 14.585 Stare. Der preußische König Friedrich Wilhelm I. ließ gemäß Berichten 1726 an einem Tag 10.000 Wildtiere zum Abschuss „einstellen", darunter 2.000 geweihtragende Hirsche. Und der französische König Ludwig XVI. hielt in seinem persönlichen Jagdjournal ab 1775 die Tötung von nicht weniger als 190.525 Tieren fest, ehe ihn die Französische Revolution am 21. Januar 1793 schließlich selbst den Kopf kostete.[1]

Aus den spektakulären Zahlen lassen sich unterschiedliche Schlüsse ziehen. Sie verweisen zum einen auf die hohe Bedeutung der Jagd im höfischen Alltag. Diese galt als standesgemäßes Divertissement des Adels und ermöglichte es dem Souverän, seine Herrschaft über das Territorium symbolisch-performativ zum Ausdruck zu bringen. Regierende Fürsten verbrachten entsprechend einen beträchtlichen Teil ihrer Zeit mit dem Verfolgen und Töten von Tieren; an manchen Höfen wie etwa dem Hof von Versailles herrschte ein beinahe durchgehender Jagdbetrieb. Die hohen Zahlen lassen zudem erahnen, dass die höfische Jagd im Barockzeitalter bei weitem nicht nur in den häufig auf Gemälden dargestellten Beiz- und Parforcejagden bestand. Die Jagd mit Schießwaffen erlaubte wesentlich höhere Erfolgsquoten, insbesondere, wenn die Wildtiere zuvor in einen abgesperrten Bereich getrieben worden waren.

1 Vgl. Philippe Salvadori: *La chasse sous l'Ancien Régime*. Paris: Fayard 1996, S. 208; zu Bayern (respektive Preußen) vgl. Martin Knoll: *Umwelt – Herrschaft – Gesellschaft. Die landesherrliche Jagd Kurbayerns im 18. Jahrhundert*. St. Katharinen: Scripta Mercaturiae 2004, S. 39, 47, ergänzt um die Zahlenangaben in Robert Seidenadler: *Kulturgeschichte der Falknerei mit besonderer Berücksichtigung von Bayern. Datensammlung*, 3 Bde. Hohenbrunn: Selbstverlag 2007, Bd. 3, S. 1718–1735. – Literatur- und Quellenhinweise sind im Folgenden auf ein Minimum beschränkt.

Wir könnten nun weiter über die Psychologie dieser Lust am Töten spekulieren oder nach der darin zum Ausdruck kommenden (respektive fehlenden) Tierethik fragen.[2] Im Folgenden soll jedoch primär die Frage im Zentrum stehen, wie der scheinbar nie versiegende Überfluss von Jagdwild in unmittelbarer Nähe der Jagdschlösser und Residenzen überhaupt zustande kam und welche Mensch-Tier-Beziehungen sich darin manifestierten. Dabei wird der Umgang mit drei Arten besonders in den Blick gerückt, um die Varianz dieser Praktiken abzumessen: Hirsche, Fasanen und Wölfe. Davon ausgehend werden abschließend einige grundsätzlichere Überlegungen zum Verhältnis von Domestizität und Wildheit in Bezug auf „Wild" des Ancien Régime und darüber hinaus angestellt.

1. Hegen und Pflegen: Hirsche

Als jagdbar galten gemäß frühneuzeitlichen Handbüchern, die sich mit den verschiedenen Jagdtechniken, der Haltung und Dressur von Jagdhunden oder -falken sowie dem Aussehen und Verhalten des Wilds auseinandersetzten, grundsätzlich alle „wilden Thiere, die wir nicht, wie die zahmen in unsern Häusern erzogen, sondern die sich in öffentlichem Feld und Wäldern von jedermans Gut nähren."[3] Dabei waren sich die Autoren einig, wem der erste Rang unter diesen wilden Wald- und Feldbewohnern gebührte: dem Hirsch, genauer dem männlichen, mindestens zwölf Geweihenden tragenden Rothirsch. Dieser sei das „vollkommenste und ansprechendste aller Tiere"[4], meinte etwa Robert de Salnove in seiner 1665 erschienen *Vénerie Royale*. Die Jagd auf den Hirsch galt entsprechend als das eigentlich königliche Vergnügen.

Hirsche wurden dabei zwar, wie im eingangs erwähnten Beispiel des brandenburgisch-preußischen Hofes, als Ausdruck ostentativen

2 Siehe dazu etwa Matt Cartmill: *Tod im Morgengrauen. Das Verhältnis des Menschen zu Natur und Jagd*. Zürich: Artemis & Winkler 1993, und speziell zur Frage der Tiermoral bei der höfischen Jagd die Überlegungen von Rainer E. Wiedenmann: *Tiere, Moral und Gesellschaft. Elemente und Ebenen humanimalischer Sozialität*. Wiesbaden: UVK 2009, S. 360–377.

3 Hans Friedrich von Fleming: *Der Vollkommene Teutsche Jäger*. Leipzig: Johann Christian Martini 1719, Vorbericht (ohne Seitenangaben). Zur Gattung der Jagdhandbücher respektive -traktate vgl. Salvadori: *La chasse*, S. 37–66.

4 Robert de Salnove: *La Vénerie Royale*. Paris: Antoine de Sommaville 1665, S. 1: „[...] la plus parfaite & la plus agréable de toutes les bestes".

Luxuskonsums im Rahmen von höfischen Festen gelegentlich in großer Zahl geschossen. Die Parforcejagd, bei der ein ausgewähltes Tier von einer Hundemeute und berittenen Höflingen über mehrere Stunden gehetzt wurde, um schließlich vom Souverän mit dem sogenannten Hirschfänger erlegt zu werden, galt aber im 17. und 18. Jahrhundert als vornehmste Form der Fürstenjagd. Nicht die Quantität des erlegten Wilds stand dabei im Vordergrund, sondern die Qualität des Schauspiels, das die orchestrierte Jagd der Hundemeute auf das ausgewählte Wildtier als Hauptakteur darstellte.

Die Präferenz dieser Jagdform hatte den Nebeneffekt, Wildbestände zu schonen; vor vorschnellem Töten zufällig aufkreuzender weiterer Hirsche bei der Jagd wurde mit diesem Argument gar explizit abgeraten.[5] Auch sonst wurden Hirsche speziell geschützt. Die Jagd auf sie war zum einen ein Reservatrecht des Souveräns und damit auch dem größten Teil des Adels untersagt; Wilderei wurde hier mit besonders hohen Strafen belegt. Schonzeiten wurden eingeführt, um die Reproduktion nicht zu gefährden. Flurschäden, die Hirsche auf Kulturland anrichteten, wurden trotz der wiederholten Klagen der Untertanen von der Obrigkeit in Kauf genommen, ja als Nahrungsquelle mit eingerechnet.[6] Und waren die Zeiten im Winter dürftig, hatten fürstliche Bedienstete schließlich dafür zu sorgen, dass Futter zur Verfügung stand.

An den teils speziell als „Hirschgärten" bezeichneten Gehegen in unmittelbarer Nähe der Schlösser kommt die Ambivalenz dieser speziellen Zuwendung besonders deutlich zum Vorschein: Die Gitter hielten zum einen Nahrungskonkurrenten und Räuber vom Leib, schränkten zugleich aber auch den Bewegungsspielraum der Hirsche ein und machten die Parforcejagd im Verbund mit speziell angelegten Straßen und Schneisen zu einem beinahe todsicheren Geschäft. Konnte die Reproduktion trotz der Hege und Pflege nicht mit der Nutzung zur Jagd mithalten, wurden Hirsche teilweise auch an anderen Orten eingefangen, in Holzkisten verpackt und mit Kutschen zum Bestimmungsort gebracht, wo sie wieder ausgesetzt wurden und gejagt werden konnten. „Wild muss man ohne Unterhalt

5 Ebd., S. 130.

6 Vgl. zu dieser Problematik speziell Hans Wilhelm Eckardt: *Herrschaftliche Jagd, bäuerliche Not und bürgerliche Kritik. Zur Geschichte der fürstlichen und adligen Jagdprivilegien vornehmlich im südwestdeutschen Raum.* Göttingen: Vandenhoeck & Ruprecht 1975.

hineinwerfen", meinte der Herzog von Saint-Simon zum scheinbar nie versiegenden Überfluss an jagdbaren Tieren in den Parks von Versailles lapidar.[7]

Bereits diese Hinweise zeigen, dass es sich beim Jagdwild hier entgegen dem zeitgenössischen Diskurs, der kategorisch zwischen „wilden" und „zahmen" Tieren unterschied, nicht um eine Ressource handelte, die die Natur dem Menschen ohne weiteres bereitstellte. Vielmehr bedurfte es gezielter Eingriffe, um sicherzustellen, dass hinreichend viele Hirsche von der gewünschten Qualität zur gewünschten Zeit am gewünschten Ort mit dem gewünschten Erfolg gejagt werden konnten. Die kategorialen Grenzen zwischen freiem Wildtier und domestiziertem Nutztier werden hier fließend, und noch problematischer wird diese Unterscheidung beim Fasan.

2. Import und Aufzucht: Fasanen

König Ludwig XIV. liebte es, morgens im *Petit Parc* von Versailles mit seinen Vorstehhunden und einem Gewehr Jagd auf Fasanen, Rebhühner oder Enten zu machen. Im Gegensatz zum Hirsch spielte hier und bei anderem Kleinwild die Quantität der erlegten Tiere durchaus eine Rolle. Mehrere hundert Opfer im Rahmen eines Jagdausflugs waren keine Seltenheit und konnten als Ausweis sowohl des Reichtums wie der besonderen Geschicklichkeit des hochrangigen Jägers gelten. Der Zusammenhang der großen Abschusszahlen mit organisatorischen Maßnahmen zur Bereitstellung des Jagdwilds war hier, in unmittelbarer Nähe des Schlosses, auch für die Zeitgenossen evident. Der Marquis de Dangeau, ein königsnaher Höfling, hielt am 16. August 1685 in seinem Journal etwa fest: „Der König ist wie gewöhnlich im Park schießen gegangen; er betrat eine Fasanerie, von wo er fünftausend Rebhühner und zweitausend Fasanen auf einmal gehen ließ."[8]

7 „En gibier il faut y en jeter sans cesse […]." Louis de Rouvroy, duc de Saint-Simon: *Mémoires. Additions au Journal de Dangeau*, hrsg. v. Yves Coirault, 8 Bde. Paris: Gallimard 1983–1988, Bd. 5, S. 533. Zum Transport von Hirschen vgl. Knoll: *Umwelt*, S. 1, 93–97.

8 Philippe de Courcillon, marquis de Dangeau: *Journal*, hrsg. v. Eudore Soulié et al., 19 Bde. Paris: Firmin Didot frères 1854–1860, Bd. I, S. 207: „Le roi alla tirer à son ordinaire dans son parc; il entra dans une faisanderie d'où il fit partir cinq mille perdrix et deux mille faisans tout à la fois."

In den Jahren zuvor hatte der König mehrere solche Fasanerien in Versailles und Fontainebleau einrichten lassen, in denen insgesamt mehrere tausend Tiere gehalten wurden. Dies schien notwendig, weil der ursprünglich aus Vorderasien importierte und deshalb noch in Jagdhandbüchern des 18. Jahrhunderts als „ausländischer Vogel"[9] beschriebene Fasan in westeuropäischen Gebieten kaum frei überleben konnte. Zu häufig wurden die eher trägen Hühnervögel oder noch mehr ihre auf dem Boden abgelegten Eier dann Opfer von Füchsen, Wieseln, Wildkatzen, Habichten, Krähen und anderen Wildtieren; zudem hatten sie mit kaltem, nassem Wetter Mühe. Geschätzt wurden sie ihres bunt befiederten Aussehens wegen, aber auch für ihr Fleisch und nicht zuletzt in ihrer Eigenschaft als Wild für die Jagd.

Im zeitgenössischen Diskurs wurde dabei zwischen „wilden" und „zahmen" Fasanerien unterschieden.[10] Während die Fasanen in ersteren analog zu den Hirschgärten lediglich gehegt und mit Nahrung versorgt wurden, handelte es sich bei letzteren um komplexe, von Fasanenmeistern geleitete Anlagen, die optimale Bedingungen für ihre Vermehrung sicherstellen sollten. Die Fasanen wurden hier in beheizbaren Räumen gehalten und mit proteinhaltiger Nahrung – Ameiseneier oder Käse – gefüttert; Fasanenhennen wurden in speziellen Bruthäusern zum Legen von Eiern animiert, die dann wiederum oft nicht von ihnen selbst, sondern von Haushühnern oder Truthähnen ausgebrütet wurden. Kurz: Die Haltung war in Bezug auf die menschliche Einflussnahme mit jener von domestizierten Nutztieren vergleichbar, ja übertraf diese in Bezug auf den betriebenen Aufwand in vielen Fällen gar.

Dabei kam es aber nicht zu einer klaren Ausdifferenzierung zwischen wilden und domestizierten Fasanen. Vielmehr dürften die Übergänge auch innerhalb der Biographie einzelner Tiere meist fließend gewesen sein. Hatten die Fasane eine ausreichende Größe erreicht oder war die Populationsdichte in der zahmen Fasanerie zu groß, wurden sie nämlich in der Regel in ein „wildes" Gehege überführt oder auch

9 Vgl. Heinrich Wilhelm Döbel: *Neu eröffnete Jäger-Practica oder der wohlgeübte und erfahrene Jäger*. Leipzig: Johann Samuel Heinsii sel. Erben 1754, S. 133, und zur Aufzucht, Haltung und Aussetzung von Fasanen ebd., S. 134–145.

10 Vgl. Elisabeth Herget / Werner Busch: Fasanerie. In: *Reallexikon zur Deutschen Kunstgeschichte*, Bd. 7. München: Beck 1981, Sp. 437–461, hier insbes. Sp. 438.

direkt im Schlosspark ausgesetzt – im oben zitierten Beispiel gar durch den Souverän höchst persönlich. Wie lange die neu gewonnene Freiheit dann währte, hing wohl, nebst dem individuellen Glück, vor allem von der physischen Präsenz sowie den Jagdvorlieben des Schlossherrn ab. Ein Fasan, der im Schlossgarten von Versailles ausgesetzt war, lief jedenfalls erhebliche Gefahr, früher oder später von den Vorstehhunden des Königs aufgestöbert und dann mit dem Gewehr erschossen oder auch von einem Jagdfalken abgefangen zu werden.

Es wäre sicherlich interessant zu wissen, wie die Aufzucht unter menschlicher Aufsicht sich auf das Verhalten solcher Fasanen als Jagdwild ausgewirkt hat: Sahen frisch ausgesetzte Tiere überhaupt einen Anlass, vor dem Jäger zu fliehen? Liefen manche, in der Hoffnung auf Nahrung, gar von selbst auf diesen zu? Leider fehlen in den Quellen Beschreibungen zu dieser Problematik. Vielleicht waren die Jagdhandbücher gegenüber der möglichen Zahmheit des gejagten Fasanen auch nicht ganz zufällig blind, drohte sich doch die hochstilisierte Jagdpraxis durch solche Grenzfälle in Paradoxien zu verstricken – ein Problem, das übrigens gerade bei der Fasanenjagd bis in die Gegenwart virulent geblieben ist.[11]

3. Die Jagd als Krieg: Wölfe

Wenden wir uns aber nun auch noch der anderen Seite des Spektrums zu, das sich bei der Frage nach der Zahmheit oder Wildheit des Jagdwilds auftut. Von der eingangs zitierten Liste der von Kurfürst Max Emanuel erlegten Wildtiere bedurften einige Arten kaum des Schutzes und schon gar nicht der Hege und Pflege, um sich zu reproduzieren, so etwa die Wildschweine, Meisen und Stare. Einige überlebten zudem die Epoche der Frühen Neuzeit, obwohl sie explizit als Schädlinge oder gar als gefährliche Konkurrenten galten und nach Möglichkeit bekämpft und ausgerottet werden sollten. An der Spitze dieser

11 Im Januar 2012 herrschte etwa Entrüstung darüber, dass Jäger im Raum Wachtendonk auf Fasanen geschossen hätten, die erst kürzlich ausgesetzt worden und des Fliegens noch nicht mächtig gewesen seien; vgl. Jennifer Fortmann: Verstoßen Jäger gegen den Kodex? In: *Westdeutsche Zeitung*, 19.01.2012. http://www.wz-newsline.de/lokales/kreis-viersen/niederrhein/fasanenjagd-verstossen-jaeger-gegen-den-kodex-1.879948 (Zugriff am 22.05.2015).

schwarzen Liste stand der Wolf, das wilde, bösartige, gefährliche Tier par excellence in der Vorstellungswelt des Ancien Régime.

Die Jagdhandbücher sahen in der Fortexistenz des Wolfes denn auch einen besonderen Grund für die Notwendigkeit ihrer Praxis. „Unter denen hier zu Lande bekantesten Raub-Thieren ist wohl sonder Zweiffel der Wolff das schädlichste und arglistigste zu nennen, welches der Grosse GOtt dem menschlichen Geschlechte, auch sowohl zahmen, als wilden Thieren, zu sonderbarer Straffe erschaffen“[12], meinte etwa Hans Friedrich von Fleming. Wölfe machten demnach den adligen Jägern nicht nur ihre Beutetiere streitig, sie rissen auch sorgsam aufgezogene Nutztiere und würden gar vor Menschen nicht Halt machen. Die Jagd war hier entsprechend nicht nur Vergnügen, sondern Herrscherpflicht im Sinne der „Guten Policey“. „Der Mensch braucht diese Jagd“, meinte so auch Salnove, „um seinen Feind zu zerstören“, und sprach von „Schlachten“ (*batailles*), die der französische König Ludwig XIII. in seinem Krieg gegen die Wölfe geführt habe.[13]

In der französischen Monarchie war denn auch ein eigener Zweig der königlichen Jagdadministration mit der Wolfsjagd betraut, die *Louveterie*. Pläne für ausgeklügelte Fallen wurden entworfen und in besonders heimgesuchten Provinzen periodisch große Treibjagden veranstaltet, oft nur mit mäßigem Erfolg. Der Wolf war aber, wie Salnoves Zitat andeutet, auch der Gegenstand von höfischen Parforcejagden und wurde von einigen Fürsten oder Angehörigen von regierenden Dynastien gar besonders geschätzt, war hier doch das sportliche Element stärker ausgeprägt und ließen sich Erfolge außerdem in symbolisches Kapital bei den Beherrschten ummunzen: „In Frankreich betrachtet man nur die Wölfe als vollkommen wilde Tiere; es gibt davon gegenwärtig keine mehr in der Umgebung von Paris; Monseigneur der Dauphin hat sie alle ausgelöscht“[14], lobpreiste etwa

12 Fleming: *Der Vollkommene Teutsche Jäger*, S. 106.

13 Salnove: *La Vénerie Royale*, S. 236: „l'homme a besoin de cette chasse, pour détruire son ennemy“. Zur Geschichte der Wolfsjagd-Krieg-Analogie und ihren praktischen Folgen vgl. insbes. Jean-Marc Moriceau: *L'homme contre le loup. Une guerre de deux mille ans*. Paris: Fayard 2013.

14 *Mercure Galant*, Januar 1688, zit. nach Dangeau: *Journal*, Bd. II, S. 105: „En France, on ne voit que des loups pour tous animaux féroces il n'y en a plus guère présentement aux environs de Paris ; Monseigneur le dauphin les en a purgées.“

1688 der *Mercure Galant* die Erfolge des königlichen Thronfolgers und passionierten Wolfsjägers Louis de France.

Die Rede von der Ausrottung der Wölfe um Paris herum war freilich etwas vorschnell. Jedenfalls fanden sich in der Umgebung der Jagdschlösser der französischen Könige auf der Île-de-France noch genügend Exemplare, um den Dauphin weiterhin zu beschäftigen. Der Erfolg dieser Jagden war zudem keineswegs gewiss und konnte auf Abwege führen, die dem ungezähmten Wildtier in zeitgenössischen Quellen nicht ohne Bewunderung als Ausweis von *agency* angerechnet wurde. „Monseigneur hat den Wolf gejagt und ihn verpasst; er hat diesen Wolf bereits acht Mal gejagt, ohne ihn nehmen zu können“[15], notierte Dangeau 1698 etwa in sein Journal. 1704 sprang ein Wolf über das Gitter des Parks von Meudon und „führte den Dauphin ziemlich weit weg“[16]. Ein anderes Mal musste der Thronfolger einen in der Nähe des Jagdschlosses von Fontainebleau aufgestöberten Wolf gar ganze vier Tage verfolgen, bis er ihn schließlich vor den Toren von Rennes in der Bretagne stellen konnte.[17]

Die lange Geschichte des vor dem 19. Jahrhundert nur begrenzt erfolgreichen „Kriegs gegen den Wolf“ böte natürlich noch weit spektakulärere Fälle als die geschilderten, die allerdings nur zu einem kleinen Teil in den Bereich der Fürstenjagden fallen. An dieser Stelle soll dagegen bloß konstatiert werden, dass es bei der Wolfsjagd tatsächlich oft das Wildtier war, das durch sein nicht vorhersehbares Auftauchen, sein schwer kalkulierbares Verhalten bei der Jagd und seine ausgeprägte Ausdauer den Takt vorgab und den hochadligen Jägern mit ihren Hundemeuten, Pferden und Knechten bisweilen auch den Meister zeigte.

15 Dangeau: *Journal*, Bd. VI, S. 342 (05.05.1698, Versailles): „Monseigneur courut le loup et la manqua ; il a déjà couru ce loup-là huit fois sans pouvoir le prendre.“

16 Dangeau: Journal, Bd. X, S. 24 (25.05.1705, Versailles): „Monseigneur courut le loup dans son parc de Meudon ; le loup sauta les murailles du parc et mena Monseigneur fort loin“.

17 Vgl. Robert Delort: *Der Elefant, die Biene und der heilige Wolf. Die wahre Geschichte der Tiere*. München: Hanser 1987, S. 256. Dies entspräche einer zurückgelegten Distanz von etwa 350 Kilometern!

Schlussfolgerungen: „Wild“ zwischen Wildheit und Domestizität

Wie lassen sich die variierenden Verhältnisse in einen sinnvollen Zusammenhang stellen? Wenngleich in den letzten Jahren die Historizität der Mensch-Tier-Beziehungen betont worden ist, finden sich selbst in Überblickswerken der *Human-Animal Studies* vielfach noch relativ strikte Unterscheidungen zwischen domestizierten und wilden Tieren. Die Domestikation der bekannten Nutz- und Begleittiere wird dabei als abgeschlossener und damit – zumindest implizit – irreversibler Prozess betrachtet, der ausgehend von zumeist prähistorischen Funden mehr oder weniger genau datiert werden könne.[18] Demgegenüber hat der französische Anthropologe Jean-Pierre Digard bereits Ende der 1980er Jahre vorgeschlagen, die Begriffe „domestiziert“ und „wild“ als Elemente eines Kontinuums zu sehen, das unterschiedliche Formen und Grade der An- und Einpassung von Tieren in von Menschen geprägte Lebenswelten umfasst.[19] Domestikation als – im weitesten Sinne – Integration von bestimmten Tierpopulationen in menschliche Haushalte respektive Ökonomien wäre demnach ein dynamischer Prozess, der zeit-, orts- und natürlich auch artenspezifisch variiert und in Interdependenz zu sich wandelnden Bedürfnissen ständig erneuert werden muss. Von der einfachen Einhegung und eher losen Kooperationsverhältnissen bis hin zur mehr oder weniger vollständigen Kontrolle der Reproduktion und des Lebens bestimmter nichtmenschlicher Lebewesen werden mit Verzicht auf die ontologisierende Dichotomie ganz unterschiedliche Verhältnisse beschreibbar. Die „Verwilderung“ von Angehörigen eigentlich als domestiziert geltender Arten musste dabei ebenso wenig als Anomalie erscheinen wie die partielle Domestizierung von Tieren, die eigentlich als Wildtiere angesehen und behandelt werden.

Wie die vorliegende Skizze gezeigt hat, gehen die spektakulären Jagderfolge frühneuzeitlicher Fürsten nicht zuletzt auf organisatorische

18 Vgl. etwa eine entsprechende Tabelle bei Margo DeMello: *Animals and Society. An Introduction to Human-Animal Studies*. New York: Columbia UP 2012, S. 86.

19 Vgl. Jean-Pierre Digard: Jalons pour une anthropologie de la domestication animale. In: *L'Homme* XXVIII,4 (1988), S. 27–58, und erweitert: Ders.: *L'homme et les animaux domestiques. Anthropologie d'une passion* [1990]. 2. Aufl. Paris: Fayard 2009, insbes. S. 81, 85–103.

Maßnahmen zurück, welche dafür sorgten, dass das gewünschte Wild am gewünschten Ort zur Verfügung stand. Weder die in Hirschgärten gehegten Hirsche noch die in Fasanerien aufgezogenen Fasanen können dabei als gänzlich „wild" angesehen werden; ihre Haltung gleicht vielmehr jener von domestizierten Nutztieren. Spräche man dem Verfolgen und Töten dieser Tiere deshalb aber schlicht den Jagdcharakter ab, säße man nur Weidmannsromantik des 19. Jahrhunderts auf, deren Betonung der absoluten Freiheit des Wilds auch in den Zeiten des modernen „Wildtiermanagements" längst keine Entsprechung mehr hat. Betrachtet man dagegen als Jagd und als Wild, was in den Quellen so bezeichnet wurde, wird der Blick auf die Varianz der darin sich manifestierenden Mensch-Tier-Beziehungen mit ihren wechselnden Formen der Integration und Ausgrenzung überhaupt erst richtig frei.

So können die speziell dressierten Jagdpferde, -hunde und -falken zweifellos als Teil des Jägerkollektivs, ja der sozialen Figuration des Hofes insgesamt betrachtet werden, was sich auch in Belohnungspraktiken oder, im Falle etwa der Vorstehhunde, Formen intimer Kohabitation in den fürstlichen Gemächern äußerte.[20] Die gejagten Tiere demgegenüber generell als von der höfischen Gesellschaft der ungezähmten Natur zugerechnete „Outgroup-Tiere" anzusehen, für die entsprechend gänzlich andere Verhaltensnormen gegolten hätten, wäre aber verkürzt.[21] Zumindest jene Tiere, die innerhalb der umzäunten Gärten und Parks von Schlössern und darin teils noch in speziell abgegrenzten Gehegen lebten, können durchaus als Mitbewohner des erweiterten höfischen Raumes angesehen werden. Wie andere, gemeinhin als domestiziert bezeichnete Nutztiere konnten sie in Bezug auf menschliche Bedürfnisse unterschiedliche Funktionen erfüllen. So waren die Hirsche, Fasanen und Enten im Park von Versailles auch Gegenstand ästhetischer Betrachtungen bei höfischen Spaziergängen, mit denen keinerlei Tötungsabsicht verbunden war, oder sie gelangten ohne den Umweg über die Jagd auf die Tafel des Fürsten.

20 Vgl. dazu etwa Nicolas Milovanovic: *La princesse Palatine, protectrice des animaux*. Versailles: Perrin 2012, S. 43–70.

21 So bezeichnet sie Wiedenmann: *Tiere*, S. 363, und spricht entsprechend von einer „doppelten Tiermoral" an frühneuzeitlichen Höfen.

Unter analytischen Gesichtspunkten waren diese Tiere demnach nicht oder nicht nur als „Wild“ geboren. Sie wurden vielmehr erst durch die Verlegung in bestimmte räumliche Settings potentiell und in der Situation der Jagd selbst dann im vollen, ausschließlichen Sinne dazu gemacht. Die fürstliche Jagd präsentierte sich dabei unabhängig von den bisherigen Lebensbedingungen als theatralisch inszenierte Interaktion mit einer binären Rollenverteilung von (menschlichen und nichtmenschlichen) Jägern und gejagtem Wild.[22] Einige tierische Individuen vermochten sich dem Skript, das auf ihren Tod hinauslaufen sollte, zu entziehen, oder konnten sich gar, wie die Wölfe, als Population trotz unbegrenzter Bejagung über lange Zeit in den europäischen Territorien erhalten. Dies entsprach einerseits der Logik des Spiels, das zumindest eine theoretische Entkommenschance in der Regel zugestand, verweist andererseits aber auch auf die Grenzen menschlicher Definitions- und Handlungsmacht.

22 Vgl. demnächst den interessanten Vergleich der Jagd mit dem Hetztheater bei David Krych: Gesellschaftsspiele mit tödlichem Ausgang. Theater und Tiere in Wien des 18. Jahrhunderts. In: Stefan Zahlmann (Hrsg.): *Medienkulturen der Neuzeit. Identität – Umwelt – Gewalt (18.–21. Jh.).* Berlin: Panama, im Erscheinen.

Die Ordnung von Wildheit

Hunde in städtischen Räumen

Elisabeth Luggauer

Eine österreichische Tageszeitung erzählte im Oktober 2014 die Geschichte einer rührenden Beziehung zwischen einem zum „Diabetikerwarnhund“ ausgebildeten Labrador und seinem Schützling, einem 14-jährigen Mädchen.[1] Auf dem Foto reichen sich Kind und Hund Hand und Pfote und lachen in die Kamera. Wenige Wochen zuvor berichtete dieselbe Zeitung von einer Situation in der ein Golden Retriever einem Mädchen in die Hand biss.[2] Der Bericht versetzt die Leserin in eine Szene mit vielen Menschen, viel Vergnügen, mindestens einem Kind und mindestens einem Hund. Das Vergnügen endete plötzlich als „Prinz“, mit dem das Kind „zwei Stunden lang unbehelligt“ gespielt hatte, vom ‚Spielgefährten‘ zum ‚gefährlichen Angreifer‘ wurde. Eine deutsche Tageszeitung berichtete im Oktober 2014 von einer Polizeihündin, die mit zwei Bissen einen Einbrecher gestellt hätte. Die Worte „Xaras beherzter Einsatz hat sich ausgezahlt“ umrahmen die Abbildung der ‚Heldin‘.[3]

Diese beispielhaften Medienberichte inszenieren Hunde als Freunde, Vertraute, Lebensretter, Wächter über Gesundheit und staatliche Ordnung, mutige Kämpfer gegen das Böse, und als Tiere, die in ihrer animalischen Unberechenbarkeit jederzeit zum Angriff übergehen können. Die Konnotationen von Hunden bewegen sich dabei in der Ambivalenz von beherrscht und wild, von Freund und Feind.

1 Sammy der Lebensretter mit der feuchten Schnauze. In: *Kleine Zeitung*, 04.10.2014. http://www.kleinezeitung.at/s/steiermark/graznord/3903491/Diabetikerwarnhund_Sammy-der-Lebensretter-mit-der-feuchten-Schnauze?addchannel=1364 (Zugriff am 21.12.2014).

2 Nach Biss wurde Hund eingeschläfert. In: *Kleine Zeitung*, 23.06.2014. http://www.kleinezeitung.at/s/steiermark/suedoststeier/4166373/St-AnnaAigen_Nach-Biss-wurde-Hund-eingeschlaefert?from=suche.intern.portal (Zugriff am 21.12.2014); Hund biss Mädchen beim Spielen in die Hand. In: *Kleine Zeitung*, 15.06.2014. http://www.kleinezeitung.at/s/steiermark/suedoststeier/4163805/Steiermark_Hund-biss-Maedchen-beim-Spielen-in-die-Hand (Zugriff am 21.12.2014).

3 Hündin Xara stellt zwei Bäckerei-Einbrecher. In: *BILD*, 21.10.2014. http://www.bild.de/regional/ruhrgebiet/einbruch/huendin-stellt-einbrecher-38234300.bild.html (Zugriff am 12.01.2015).

Im Rahmen dieses Aufsatzes wird das Material einer ethnografisch-kulturanalytischen Forschung einer Masterarbeit[4] aus dem Fach der Kulturanthropologie auf die Verknüpfung dieser Ambivalenz mit Einschließungs- bzw. Ausgrenzungspraxen von Hunden in und aus städtischen Ordnungen exemplarisch an der österreichischen Stadt Graz befragt. Johanna Rolshoven definiert Stadt, als „Summe ihrer Bewohner_innen".[5] Was lässt sich nun herausfinden, wenn die traditionell auf menschliche Tiere reduzierte Kategorie der Bewohner_innen um Hunde erweitert wird und den Beziehungsgefügen menschlicher und tierlicher Bewohner_innen von Städten nachgespürt wird?

Methodische Zugänge

Ethnografie als Methode und theoretischer Zugang zur Erforschung kultureller Handlungspraktiken zeichnet sich durch die Subjektivität der Forscherin als Ausgangsmoment von Wahrnehmung und Beschreibung aus.[6] Aufgabe der Forscherin ist es hierbei, den Raum ihrer Alltagswelt zu einem Forschungsfeld zu verfremden – um ihn sich dann „im forschenden Zugang ständig neu anzueignen."[7] Das hauptsächliche Instrument dieser Forschung bildete Teilnehmende Beobachtung in gehender Bewegung gemeinsam mit dem eigenen Hund Ferdinand, wobei sich das Beobachten und Folgen der Raumaneignungs- und Aushandlungspraxen Ferdinands, besonders wenn sich dieser – entgegen der im Forschungsraum geltenden Leinen- oder Maulkorbpflicht – materiell unabhängig von seiner ‚Halterin' durch die Stadt bewegte, als besonders fruchtbar erwies. Das *Vorgehen* des Forscherin-Hund-Teams folgt dabei, nach Anleitung des Anthropologen George Marcus, den Akteur_innen, Handlungen, Geschichten,

4 Vgl. Elisabeth Luggauer: *„An die Leine!" Hunde in städtischen Ordnungen*. Masterarbeit, Universität Graz, Institut für Volkskunde/Kulturanthropologie 2015.

5 Johanna Rolshoven: SOS: neue Regierungsweisen oder Save our Souls – ein Hilferuf der Schönen neuen Stadt. In: *bricolage. Innsbrucker Zeitschrift für Europäische Ethnologie* 6 (2010), S. 23–35, hier S. 23.

6 Vgl. Almut Sülzle: *Fußball, Frauen, Männlichkeiten. Eine ethnographische Studie im Fanblock*. Frankfurt / New York: Campus 2011, S. 55–57.

7 Katharina Eisch: Erkundungen und Zugänge I: Feldforschung. Wie man zu Material kommt. In: Klara Löffler (Hrsg.): *Dazwischen. Zur Spezifik der Empirien in der Volkskunde*. Hochschultagung der dgv in Wien 1998. Wien: Selbstverlag des Instituts für Europäische Ethnologie 2001, S. 27–46, hier S. 31.

Metaphern und Konflikten des Feldes.[8] Experimentierend mit konventionellen Nutzungspraktiken verschiedener Räume, sich auf Gespräche, Anfeindungen, Vermahnungen und Solidarisierungen einlassend, öffnete sich so, buchstäblich Schritt für Schritt, ein Forschungsfeld um die Verflochtenheit von Hunden in die Ordnungspraxen eines städtischen Raumes. Mit der Europäischen Ethnologin Klara Löffler gesprochen, konnte festgestellt werden: „Wie kaum eine andere Form der Bewegung im als städtisch oder sogar urban definierten Raum ist das Gehen mit Hund weitreichenden Ordnungen und Kontrollen unterworfen, die uns in den Konsequenzen wenig bewusst, weil so selbstverständlich sind.“[9] In der Verfremdung dieser für die Forscherin zu Selbstverständlichkeiten etablierten alltäglichen Praktiken des Gehens mit Hund hakt diese Forschung ein, um Diskurse bzw. Ordnungen dieser Praxen freilegen zu können.

Die sich über etwa anderthalb Jahre erstreckende teilnehmende Beobachtung wurde durch ethnografische Interviews mit regionalen Politiker_innen, Tierschutzbeauftragten, Sicherheitsbeauftragten, Expert_innen zur Hundehaltung sowie Aktivist_innen für mehr Freiheiten für Hunde ergänzt. Abgerundet wurde dieses methodische Vorgehen durch das Sammeln jeglicher Repräsentationen des Forschungsgegenstandes (Beziehungen zwischen Menschen und Hunden) in Werbungen, Massenmedien, Kunst, Gesetzestexten etc.

Stimmen der Ordnung (des Feldes)

Auszug aus dem Forschungstagebuch

> Ferdinand, ohne Leine oder Maulkorb, und ich gingen einen Gehsteig in der Innenstadt entlang. Er befand sich an der Innenseite des Gehsteiges, der angrenzenden Hauswand sehr nahe. Ein alter Mann und ein Kind, so etwa im Grundschulalter, kamen uns entgegen. Ferdinand blieb stehen, als der Mann und das Kind näher kamen, ich stellte mich hinter ihn, um den beiden Platz zu lassen. Das Mädchen hatte seinen Blick nach hinten gerichtet, und kam über dem etwa kniehohen Hund fast zum Stolpern. Ich lächelte und rechnete mit

8 Vgl. George Marcus: Ethnography in/of the World System: The Emergence of Multi-Sited Ethnography. In: *Annual Review of Anthropology* 24 (1995), S. 95–117.

9 Klara Löffler : À la longue. Mensch und Hund unterwegs in der Stadt. In: *bricolage. Innsbrucker Zeitschrift für Europäische Ethnologie* 6 (2010), S. 204–224, hier S. 204–205.

einer Entschuldigung, erntete stattdessen aber ein unwirsches „An die Leine!" des alten Mannes.[10]

Ein Stadtpolitiker

> [...] es gibt da gesetzliche Grundlagen, und natürlich ist die Leinenpflicht wichtig, weil Kleinkinder, oder auch Personen die in einer Parkanlage sind, sich nicht darauf verlassen können, dass der Hund ausgebildet ist, dann kommt ja auch dazu, dass wir den Hund auch als sozialen Faktor in der Stadt haben, und dieser soziale Faktor ist für viele wichtig in Richtung Einsamkeit, aber wir wissen auch, dass Menschen, die momentan ziemlich in ihrem Leben scheitern und nicht weiter wissen, drogensüchtig, alkoholkrank, joblos, keine Familie, keinen Unterschlupf haben, sich auch gerne einen Hund als letzten sozialen Kontakt nehmen, aber weder in der Lage sind, einen Hundeführerkurs zu besuchen, noch das Geld oft haben, so was durchzuführen. Das heißt da haben wir also riesen Probleme, wenn da keine Leinenpflicht wäre, hätten wir also gar keine Handhabe und da fürchten sich wirklich auch viele Menschen.[11]

Eine Stadtpolitikerin

> Sobald Sie den Hund von der Leine lassen, haben Sie keine Gewalt mehr über ihn. Das klingt jetzt vielleicht brutal, ich liebe meinen Hund wie meine Kinder, aber ein freilaufender Hund ist einfach nicht kontrollierbar, auch wenn er noch so gut folgt.[12]

Die Tierschutzbeauftragte des Landes

> Zu einer funktionierenden Mensch-Tier-Beziehung braucht es einen Tierhalter, der in der Lage ist dem Tier eine ordnungsgemäße Haltung und Unterbringung zu gewährleisten. Es braucht die Empathie des Tierhalters, ihm die Ausbildung zuteilwerden zu lassen, die der Hund braucht, damit er seine Position innerhalb der Familie einnehmen kann. Es braucht aber auch das Hirn, um dem Hund einfach klar zu machen, was darf der Hund, was darf der Hund nicht. Ein Hund darf ja auch nicht alles. Es gelten für den Hund auch Regeln, wie sie halt für Kinder gelten, und wie das im Zusammenleben mit Menschen und Tieren einfach auch erforderlich ist.[13]

Die zitierten Stimmen des Feldes verweisen auf eine Raumordnung, in der Hunde durch (ihre) Menschen kontrolliert sein müssen. Diese Kontrolle meint eine materielle Verbundenheit des Hundes

10 Forschungstagebuch, 13.02.2013.

11 Interview, 05.05.2014.

12 Interview, 01.04.2014.

13 Interview, 10.06.2014.

mit einem Menschen durch eine Leine, oder die Sicherung seines als Waffe gefürchteten Gebisses durch einen Maulkorb und die durch eine abgelegte Ausbildung garantierte Einordnung des Hundes in von Menschen definierte Raumregeln.
Ein Blick in den für im Forschungsraum lebende Hunde geltenden Gesetzestext, fasst diese Stimme als Pflicht des Menschen seinen Hund zu „beherrschen" zusammen:

> Hunde sind an öffentlich zugänglichen Orten, wie auf öffentlichen Straßen oder Plätzen, Gaststätten, Geschäftslokalen und dergleichen, entweder mit einem um den Fang geschlossenen Maulkorb zu versehen oder so an der Leine zu führen, dass eine jederzeitige Beherrschung des Tieres gewährleistet ist.[14]

Ingrid Breckner betont, dass „urbane Ordnungen stets von Menschen erdacht, begründet und durchgesetzt"[15] werden, und verweist so auf die gestalterische Rolle ausschließlich menschlicher Akteur_innen in der Genese von (Raum)ordnungen und lenkt zugleich den Blick auf Ordnungs*praktiken* als Diskurse, die Michel Foucault als „Verbindung von symbolischen Praktiken (Sprach- und Zeichengebrauch), materiellen Gegebenheiten und sozialen Institutionen"[16] versteht. Aus allen Diskursen über einen Gegenstand setzen sich manche als dominant durch, während andere marginalisiert werden.[17] Aus kulturwissenschaftlicher Sicht lässt sich von Gesetzestexten als von Menschen erdachten, begründeten und durchgesetzten, zur Verschriftlichung gelangten, Raumordnungen, und als solches wiederum von dominanten Diskursen, sprechen. Als marginalisierte Diskurse fungieren in diesem Zusammenhang beispielsweise die grundsätzliche Ablehnung von Hunden im städtischen Raum oder den Besitz eines Gartens zur Bedingung jeder ‚Hundehaltung' zu erklären. Ebenso marginalisiert ist der Diskurs, der davon handelt, dass Hunde „Freilauf" benötigen. Zum dominanten Diskurs im Raum dieser Forschung hat sich

14 Vgl. *Steiermärkisches Landessicherheitsgesetz* (StLSG), Stammfassung: LGBl. Nr. 24/2005, aktuellste Fassung: LGBl. Nr. 147/2013.

15 Ingrid Breckner: Urbane Ordnungen. Erfordernisse, Ambivalenzen, Fallstricke. In: *kuckuck. Notizen zur Alltagskultur* 29,1 (2014), S. 12–17, hier S. 15.

16 Michel Foucault: *Archäologie des Wissens*. Frankfurt am Main: Suhrkamp 1981, S. 74.

17 Vgl. Georg Glasze/ Annika Mattissek: Diskursforschung in der Humangeographie: Konzeptionelle Grundlagen und empirische Operationalisierungen. In: Dies. (Hrsg.): *Handbuch Diskurs und Raum. Theorien und Methoden für die Humangeographie sowie die sozial- und kulturwissenschaftliche Raumforschung*. Bielefeld: Transcript 2009, S. 11–57, hier S. 12.

aufgeschwungen, dass Hunde willkommen sind, wenn sie die Eigenschaften der ständigen Beherrschung durch Menschen (materialisiert als Leine oder Maulkorb) erfüllen. Der hier als Sprachrohr des dominanten Diskurses interpretierte Gesetzestext schreibt weiter das Tragen eines Mikrochips sowie die Registrierung des Hundes vor, der Nachweis einer „Ausbildung“, wie sie beispielsweise der oben zitierte Tierschutzbeauftragte fordert, bringt Hundehalter_innen ausgebildeter Hunde steuerliche Vorteile gegenüber Halter_innen nicht ausgebildeter Hunde, ebenso steuerlich begünstigt sind Halter_innen ‚reinrassiger‘, zur Zucht zugelassener, Hunde. Materiell unabhängig von ihren Menschen dürfen sich Hunde im Forschungsraum nur in eingezäunten „Hundewiesen“ bewegen.[18]

Ordnung vs. Chaos, Kultur vs. Natur

Zygmunt Bauman versteht Ordnung als „die Vision von einem Zustand, in dem jedes Ding seinen rechtmäßigen Platz innehat und sich nirgendwo sonst befindet“[19]. Der rechtmäßige Platz eines Hundes in der Ordnung des Forschungsraumes ist demzufolge durch eine Leine materiell an den ihn begleitenden Menschen gebunden, mit einem Maulkorb versehen oder durch einen Zaun eingeschlossen. Bauman beschreibt die Begriffe Ordnung und Ambivalenz als in einem Wechselverhältnis stehend. Die Erfahrung von Ambivalenz als „Unbehagen“ führt zur Errichtung von Ordnungen. Ordnung ist also nichts „Natürliches“, sie ist geschaffen, um dem Unbehagen von Ambivalenz zu entkommen. Ambivalenz ist sowohl der Motor des Ordnung-schaffens als auch der „Abfall“ von Ordnung. Ambivalenz sei das Ergebnis der „Hauptfunktion von Sprache: der des Nennens und Klassifizierens.“[20] Klassifizierungen funktionieren durch die Definition einer Kategorie und den Ausschluss alles nicht in diese Kategorie Passenden und über Dichotomien, die sie zugleich konstant reproduzieren. „[…] Ambivalenz erfahren wir als Unbehagen, als eine Drohung. Ambivalenz wirft die Berechnung von Ereignissen

18 Vgl. Homepage der Stadt Graz: http://www.graz.at/cms/ziel/2551964/DE (Zugriff am 20.05.2015).

19 Zygmunt Bauman: *Unbehagen in der Postmoderne.* Hamburg: Hamburger Edition 1999, S. 15.

20 Ebd.

über den Haufen und bringt die Relevanz erinnerter Handlungsstrukturen durcheinander."[21] Ambivalenz ist also die Manifestation eines Versagens von Ordnung.

> Ordnung als ein Konzept, als eine Vision, als ein Zweck könnte nicht ausgedrückt werden, hätte es nicht die Einsicht in die totale Ambivalenz, die Zufälligkeit des Chaos gegeben. [...] Chaos, ‚das Andere der Ordnung', ist reine Negativität. Es ist die Verneinung all dessen, was Ordnung zu sein sucht. [...] Ohne die Negativität des Chaos, gibt es keine Positivität der Ordnung; ohne Chaos keine Ordnung.[22]

In gleich dichotomem Sinne denkt Zygmunt Bauman über das Begriffspaar Natur / Kultur nach. Natur erscheint dabei als Chaos und Kultur als die Ordnung, die aus der Überwindung und Ablehnung von Natur ständig reproduziert wird.

> Das bloße Dasein, das Dasein ohne jede Intervention, das *ungeordnete* Dasein, oder der Rand des geordneten Daseins, werden jetzt zur *Natur*: etwas, was als menschlicher Wohnort einzigartig ungeeignet ist – etwas, dem man nicht trauen kann und das man nicht sich selbst überlassen kann, etwas, das *beherrscht, unterworfen, neu gemacht* werden muß, damit es von neuem an menschliche Bedürfnisse angepaßt werden kann. Etwas, das unter Kontrolle gehalten, eingeschränkt und gezügelt werden, das aus dem Zustand der Formlosigkeit in eine Form überführt werden muß – durch Anstrengung und durch Gewalt.[23]

Der schwedische Kulturanthropologe Orvar Löfgren befasst sich ebenso mit der Dichotomie von Natur und Kultur und hakt in deren Historisierung im Zeitfenster der Moderne ein, die Bauman als Ursprung des Strebens nach Ordnung versteht.[24] Bei Löfgren erfährt diese Dichotomie eine räumliche Aufteilung aus Städten als Sphären bürgerlicher Kultur, umgeben von einer gleichermaßen Faszination und Bedrohung ausübenden Sphäre der Natur. Die „vieldeutige und komplexe Auffassung der bürgerlichen Kultur von Natur und Natürlichkeit"[25], konstituierte sich im Wesentlichen aus der Distanz des Stadtbürgertums zur Natur, die außerhalb der Städte, nahezu

21 Bauman: *Unbehagen in der Postmoderne*, S. 12.

22 Zygmunt Bauman: *Moderne und Ambivalenz. Das Ende der Eindeutigkeit.* Hamburg: Hamburger Edition 1992, S. 12–21, Herv. i. O.

23 Ebd., S. 21, Herv. i. O.

24 Orvar Löfgren: Natur, Tiere und Moral. In: Utz Jeggle / Gottfried Korff / Martin Scharfe / Bernd Jürgen Warneken (Hrsg.): *Volkskultur in der Moderne. Probleme und Perspektiven empirischer Kulturforschung.* Reinbek: Rowohlt 1986, S. 122–144.

25 Ebd., S. 132.

mystifizierender Faszination folgend, aufgesucht wurde. Angesprochen war hier nicht die bäuerliche Nutzlandschaft, schon angeeignet und strukturiert, sondern unberührte, nicht eroberte Wildnis. Auf Ausflügen, Sommerfrische, und Abenteuern suchte das Stadtbürgertum nach der Erfahrung des Natürlichen in einer von Zwängen befreiten und befreienden Natur. „Die bürgerliche Kultur erzeugt sowohl Widerwillen gegenüber der als primitiv und unkontrolliert geltenden Natur als auch Faszination angesichts der Natur als der Verkörperung des Ungekünstelten, des Wilden, des Echten und Natürlichen.“[26] Mit dieser ambivalenten Auffassung von Natur als Faszinations- und Sehnsuchtsraum, ging ein ebenso komplexes Verhältnis zu ihren Bewohnern, den Tieren, einher. „Im Hinblick auf die Tierwelt entwickelten sich neue Gegensätze zwischen dem Wilden und dem Zivilisierten, zwischen Natur und Unnatur.“[27] Die Faszination und zugleich Abneigung von Wildnis, bezieht Tiere als Bewohner oder Wesen dieser Wildnis mit ein. Mit beiden Zugängen geht der Wunsch oder das Bedürfnis nach Aneignung und Unterwerfung einher.

Löfgren erinnert auch daran, dass der Moment der Aufspaltung in Sphären von (städtischer) Zivilisiertheit und (ländlicher) Wildnis konstitutiv für die Zuordnung von Tieren zu der einen oder anderen Sphäre war. Der Stadthund, so lässt sich daraus schließen, der im Unterschied zum ländlichen Hofhund als Freund und Begleiter des städtischen Bürgers seiner Wildheit gezähmt sein sollte, bot sich so der Aufladung mit einer neuen Ambivalenz von geglückter und nicht geglückter Zähmung an. Der Wunsch nach Hunden als Bestandteilen menschlicher Gesellschaften an sich kann als Ausdruck der Faszination für Natur, natürliche Wesen und ‚Wildheit‘ und des damit verbundenen Bedürfnisses nach ihrer Aneignung gelesen werden. Zugleich ist aber Natur als Chaos, als Negativität von Kultur und Ordnung mit dem Attribut der Unberechenbarkeit und als solches der Bedrohung behaftet, der es wiederum ‚Herr zu werden‘ gilt. Leinen, Maulkörbe, Mikrochips und Ausbildungen fungieren dabei als Beweise von erfolgreich beherrschter Wildheit. Der Hund als an sich wildes Tier erfährt in der Aneignung durch Menschen eine Zähmung seiner Wildheit. Er wird zu, im wahrsten Sinne des Wortes, „beherrschter“ Natur ausgestaltet.

26 Ebd., S. 143.
27 Ebd., S. 132.

Wildheit in städtischen Ordnungen

Löfgren weiter gedacht, lassen sich Städte als Räume von angeeigneter, geordneter, zu Kultur ausgestalteter Natur begreifen. Durch städtisches Wachstum wird Natur an die Ränder dieses Raumes gedrängt. Städte ordnen sich dabei von innen nach außen. Rolshoven bemerkt, dass die Gestaltung westlicher Städte in den letzten Jahrzehnten immer stärker bürgerlichen Idealen von Sauberkeit, Ordnung und Sicherheit folgt.[28] Städte werden dabei von einem zum repräsentativen Zentrum hochstilisierten Stadtkern ausgehend, äußere Bezirke und Randgebiete häufig vernachlässigend, diesen Idealen unterworfen. In Bezug auf Hunde lässt sich im hier bearbeiteten Forschungsraum feststellen, dass beispielsweise Automaten, die Plastiktüten zur Entsorgung von Hundekot kostenfrei zur Verfügung stellen, in der Innenstadt sowie den angrenzenden Bereichen sehr viel häufiger angebracht sind als in äußeren Bezirken.[29] Ebenso scheint das Bedürfnis nach Beherrschung der Wildheit des Hundes vom Stadtzentrum nach außen lockerer zu werden. Zwei Stadtpolitiker_innen verweisen nach der Betonung der Notwendigkeit einer Leinenpflicht für Hunde „im innerstädtischen Bereich, vor allem wo die Räume eng sind“, auf die – nach der verschriftlichten Raumordnung verbotene – Möglichkeit, „mit ihm rauszufahren und ihn irgendwo in der freien Natur laufen zu lassen.“[30]

An dieser Stelle drängt sich die Assoziation des Bildes eines Hundes auf, der in der Stadt durch gesellschaftliche Konventionen gezwungen seine Triebhaftigkeit, Emotionen, Wildheit unter Kontrolle zu behalten hat, um sie dann auf Ausflügen in die Natur ausleben zu können, mit dem Bild des männlichen Stadtbürgers der frühen Moderne, wie es Orvar Löfgren zeichnet:

> In der Natur braucht man seine Gefühle nicht zu zügeln. Hier kann man ihnen freien Lauf lassen. Hier kann der zielbewußteste Geschäftsmann oder pflichtgetreueste Beamte sich vom Anblick einer Blumenwiese oder bei der Erinnerung an die Sommer seiner Kindheit zu Tränen rühren lassen. Zu der bürgerlichen Kultur wird das Gefühl diszipliniert, um ihm dann in bestimmten Situationen freien Lauf zu lassen.[31]

28 Vgl. Rolshoven: SOS, S. 25.

29 Vgl. Forschungstagebuch, 31.09.2014.

30 Interviews, 05.05.2014 und 26.05.2014.

31 Löfgren: Natur, Tiere und Moral, S. 131.

Die Ordnung und ihre Fremden

„Es gibt Freunde und Feinde. Und es gibt *Fremde*", markiert Zygmunt Bauman die Grenzen einer Ordnung.[32] Freund und Feind sind die beiden Kategorien, in die jedes Gegenüber eingeteilt werden soll. Zwischen diesen beiden Klassifizierungen siedelt sich „der Fremde" als personifizierte Ambivalenz an.

> Die Bedrohung, die er mit sich bringt, ist erschreckender als die, die man vom Feinde fürchten muss, […] weil der Fremde weder Freund noch Feind ist; und weil er beides sein kann. Und weil wir nicht wissen, und über keine Methode verfügen zu erfahren, was von beidem der Fall ist.[33]

Bauman entwickelte seine Gedanken zu Fremden einer Kultur, Gesellschaft oder Ordnung zur Erklärung von Ausschlusspraktiken von Individuen oder Gruppen aus Kultur, Gesellschaft oder Ordnung und erklärt aus der Triade von Freund, Feind und Fremdem beispielsweise Konstruktion und Erhalt von Nationalstaaten und gibt zu bedenken, dass der Fremde ein „verlockendes Objekt des Genozids" werden kann.[34]

Diese deutende und klassifizierende Triade auf Hunde angewandt, lässt sich sagen, dass der Hund als Freund der Ordnung des hier erforschten städtischen Raumes und als kultiviert, zivilisiert, beherrscht, seiner Wildheit beraubt definiert wird. Er bewegt sich an Leinen oder mit Maulkörben, seine Identität, sein ausgebildeter Werdegang und seine Herkunft sind bekannt. Die Negationen dieser positiv konnotierten Eigenschaften und Mittel der Beherrschung als Kriterien des Ausschlusses aus dieser Ordnung erinnern an altbekannte Attribute stets marginalisierter Menschengruppen wie Obdachlose, Vagabunden und Bettler_innen.

Zygmunt Bauman kommt zu dem Schluss, dass Fremde, trotz ihres eigenen Bestrebens, sich in eine Ordnung einzugliedern und dem aus der Bedrohung im Moment der Konfrontation mit Fremdheit entspringenden Bedürfnis, aus dem Fremden einen Freund oder Feind zu machen, stets Fremde bleiben.[35] Hunde, als an sich wilde Wesen wilder Natur, können durch Instrumente der Beherrschung als

32 Bauman: *Moderne und Ambivalenz*, S. 92.

33 Ebd., S. 95.

34 Vgl. ebd., S. 112.

35 Vgl. ebd., S. 121.

Freunde der Ordnung erscheinen. Fehlen diese Instrumente, befinden sie sich nicht auf dem ihnen vorgesehenen Platz in der Ordnung und erscheinen als Feinde oder Fremde und wecken in der Rolle personifizierter Ambivalenz Unbehagen und das Bedürfnis, Ordnung wieder herzustellen. Der Verweis der für ‚ihren' Hund verantwortlichen Forscherin seitens des alten Mannes, kann als Ausdruck des Empfindens von Unbehagen angesichts nicht erfüllter Ordnung und dem Bedürfnis nach ihrer Wiedererrichtung gelesen werden.
Eine menschliche Gesellschaft erhebt an Hunde als Fremde ihrer Ordnung den Anspruch der Beherrschung, des Beziehens ihres Platzes in dieser Ordnung: als Freund oder als Feind. Wenn nun bei einem schon als Freund klassifizierten Hund, wie etwa Prinz, plötzlich seine wilde, unberechenbare Natur durchschlägt, schlägt die Ambivalenz zu und erinnert daran, dass aus einem Fremden bestenfalls nur ein „ehemaliger Fremder" werden kann. „Ein Freund ‚auf Bewährung' und permanent vor Gericht, eine Person, die aufmerksam bewacht wird"[36], die dem Attribut der generellen Bedrohung niemals dauerhaft entkommen kann. Diese Bedrohung, das Empfinden von Unbehagen angesichts der Konfrontation mit dem Fremden, kann so wiederum zur Rechtfertigung der Notwendigkeit der Beherrschung der zu einem Fremden klassifizierenden Wildheit und ihrer Instrumente, wie einer Leinenpflicht, herangezogen werden.

36 Bauman: *Moderne und Ambivalenz*, S. 121.

„Alles ist gut, solange du wild bist…"

Die Zähmung des wilden Kindes als Topos im Kinder- und Jugendfilm

Bernd Kleinhans

Die Eingangssequenzen von François Truffauts Film *L'Enfant sauvage* (*Der Wolfsjunge*, F 1970) präsentieren die Kinoleinwand beinahe wie ein bukolisches Gemälde aus dem 18. Jahrhundert: Mit langen Einstellungen in der Totalen zeigen schwarzweiße Bilder eine junge Frau, in der bäuerlichen Tracht der frühen Neuzeit, wie sie auf einer Waldlichtung Pilze sammelt. Sorgfältig werden diese in einen Korb gelegt. Die Kamera folgt langsam ihren Bewegungen. Die Sonnenstrahlen durchbrechen das Laub und im Hintergrund zwitschern die Vögel – es ist offenkundig Frühling. Plötzlich erschrickt die Frau vor einem Geräusch, sie sieht im Gebüsch den Schatten eines Tieres und flieht aus dem Wald. Die Kamera folgt nicht der Frau, sondern fokussiert auf das Gebüsch: Das wilde Tier entpuppt sich als ein vielleicht zehnjähriger Junge, der sich völlig nackt und verdreckt auf allen Vieren bewegt. Er plündert den Korb mit den Pilzen und flieht in den Wald, trinkt kniend Wasser aus einem Bach und klettert mit großer Geschwindigkeit auf eine Eiche. Dabei gibt er beständig verschiedene heulende und grunzende Laute von sich. Nur mühsam gelingt es, wie die nächsten Einstellungen zeigen, Jägern aus einem nahen Dorf, das wilde Kind einzufangen: Immer wieder entkommt es geschickt auf Bäume oder verschwindet in Waldschluchten. Es schafft es sogar, einen der Jagdhunde durch einen Biss zu töten. Erst als der Junge sich in einer Erdhöhle verkriecht und ihn seine Verfolger stellen können, hat seine Flucht ein Ende. Gefesselt und an einer Leine gezogen, bringt man ihn zu einem Stall und sperrt ihn ein.

Die Bilder irritieren den Zuschauer: Offenkundig ist das Kind ein Mensch, aber ebenso offenkundig fehlen ihm viele Attribute des Menschseins: Der aufrechte Gang, die Sprache, die Sozialität. In der filmischen Inszenierung wird die Verunsicherung nacherlebbar, die die Bauern ergriff, als sie 1798 in Südfrankreich in der Nähe von Aveyron den wilden Jungen fingen, dessen Geschichte die Vorlage für Truffauts Film bildete. Ob es sich bei ihm wie bei den immer

wieder aufgefundenen verwahrlosten Kindern, den „Wolfskindern", wie man sie auch nannte, um Menschen, um Tiere oder um eigentümliche Mischwesen handelte, das war im 18. Jahrhundert nicht nur für die einfachen Bauern, sondern auch für Philosophen und Pädagogen alles andere als ausgemacht.[1]
Nachdem die christliche Metaphysik, in der der Mensch durch seine unsterbliche Seele eindeutig und hiatisch von allen übrigen Lebewesen geschieden war, ihr Deutungsmonopol verloren hatte und die neue Wissenschaft der Anthropologie empirisch vor allem Gemeinsames zwischen Tier und Mensch konstatieren musste – Körperbau, physische Eigenschaften, Gefühle und Triebe –, drohte die unscharf werdende Grenze zum Tier das Selbstverständnis des Menschen zu erschüttern. Vor allem Kinder schienen den Tieren eng verwandt zu sein: Wie diese waren sie von ihren körperlichen Wünschen und Trieben bestimmt, hatten einen unkontrollierbaren Bewegungsdrang, planten nicht für die Zukunft und verfügten weder über Moral noch über Selbstreflexion. So verblieb als differentia specifica nur die *perfectibilité*[2], die Fähigkeit des Menschen, sich selbst zu vervollkommnen, was allein durch Erziehung möglich schien. Während das wilde Tier immer nur das blieb, was – modern gesprochen – in seiner genetischen Substanz festgelegt war, konnte der Mensch sich aktiv durch Erziehung aus seinem tierischen Naturzustand herausarbeiten. Erst „Disziplin oder Zucht ändert die Tierheit in die Menschheit um"[3], heißt es etwa in der Pädagogikvorlesung Immanuel Kants. Es gehe darum, so Kant weiter, dass man dem „Menschen die Wildheit benimmt"[4]. Das Telos der Erziehung ist erreicht, wenn der Mensch seine tierischen Triebe vollkommen diszipliniert hat und sich ausschließlich den Gesetzen der Vernunft unterwirft.[5] Das hieß aber auch: Das Kind war im präedukativen Status nur potentiell ein Mensch, faktisch dagegen

1 Vgl. dazu Hansjörg Bruland: *Wilde Kinder in der Frühen Neuzeit. Geschichten von der Natur des Menschen.* Stuttgart: Steiner 2008, S. 12–59.

2 Vgl. Gottfried Horn: Perfektibilität. In: *Archiv für Begriffsgeschichte* 24 (1980), S. 221–227.

3 Immanuel Kant: Über Pädagogik. In: Ders.: *Werkausgabe*, Bd. 12, hrsg. v. Wilhelm Weischedel. Frankfurt am Main: Suhrkamp 1968, S. 693–761, hier S. 697.

4 Ebd., S. 698.

5 Ein solches Programm weist über die Pädagogik hinaus auf die Gestaltung der Gesellschaft insgesamt, wie etwa Norbert Elias: *Über den Prozeß der Zivilisation.* Basel: Haus zum Falken 1939, aufgezeigt hat.

ein wildes Tier, das erst durch Erziehung zum Menschen wird. „Was wir als Erwachsene brauchen, das gibt uns die Erziehung“[6], heißt es in Jean-Jacques Rousseaus Erziehungsroman *Émile*, denn ohne Erziehung werde das Kind „wie ein Löwe, der seinen Führer nicht mehr kennt und nicht mehr gelenkt werden will.“[7]
Erziehungstheorien sind seit dem pädagogischen Jahrhundert bis heute „Ideologien kindlicher Tierheit“[8] und der Methoden, diese zu überwinden. Daran änderte sich auch mit der Entdeckung der Entwicklungspsychologie als Leitwissenschaft der praktischen Pädagogik im 20. Jahrhundert wenig. Ob man wie Sigmund Freud das Kind in einer besonderen Triebhaftigkeit verortet, wie Jean Piaget die Entwicklung des Kindes vom naturhaften Egozentrismus einer sensomotorischen Intelligenz zur Fähigkeit, sich mittels formaler Operationen von der Natur zu distanzieren, sieht oder mit Erik H. Erikson die Entwicklung des Kindes von einer oral-sensorischen Phase hin zur Ich-Integrität begreift, immer ist es die Aufgabe der Erziehung, „auf die Regulierung und Dämpfung der Triebe und Affekte“ einzuwirken, und zwar in der Weise, dass die äußere Erziehung schließlich „zunehmend in Selbstregulierung gewendet wird.“[9] Nur so kann auch nach Abschluss aller äußeren Erziehungsmaßnahmen der jederzeit drohende Rückfall in die Wildheit verhindert werden. „Diese Menschwerdung des Kindes ist unser Thema“[10], heißt es bei dem in der ersten Hälfte des 20. Jahrhunderts populären Entwicklungspsychologen Karl Bühler.
Truffaut erzählt in dieser Tradition nicht einfach die Geschichte des Wilden von Aveyron, dem man später den Namen Viktor gab, entlang der überlieferten Protokolle des Taubstummenarztes Jean Itard, der den Jungen bei sich aufnahm, nach,[11] sondern lässt die Zuschauer

6 Jean-Jacques Rousseau: *Emil oder über die Erziehung*. Paderborn: Schöningh 1996, S. 10 (Orig.: *Émile ou de l'education*, 1762).

7 Ebd., S. 211.

8 Reingard Spannring: Tiere in pädagogischer Praxis und Wissenschaft. In: Alejandro Boucabeille / Gabriele Kompatscher / Karin Schachinger / Reingard Spannring (Hrsg.): *Disziplinierte Tiere*. Bielefeld: Transcript 2015, S. 30–43, hier S. 40.

9 Elisabeth von Stechow: *Erziehung zur Normalität. Die Geschichte der Ordnung und Normalisierung der Kindheit*. Wiesbaden: VS 2004.

10 Karl Bühler: *Die geistige Entwicklung des Kindes*, 4. Aufl. Jena: Gustav Fischer 1924, S. 1.

11 Vgl. zu Viktor von Aveyron: Lucien Malson: *Die wilden Kinder*. Frankfurt am Main: Suhrkamp 1972, S. 105–244.

diese pädagogische Grundthese der Neuzeit von der Menschwerdung durch Erziehung filmisch mitvollziehen. Die filmische Narration zeigt die unverzichtbaren Phasen der Menschwerdung des wilden Kindes, die bereits Kant beschrieben hatte: Einer äußerlichen Disziplinierung, in der Viktor an Kleidung gewöhnt wird und lernt, seine elementaren physischen Triebe zu beherrschen, folgt eine Phase der Kultivierung, in der Viktor Kulturtechniken wie das Trinken aus Gläsern und den Gebrauch sprachlicher Zeichen lernt. Schließlich lernt er auch den Umgang mit Menschen, lernt seine Bedürfnisse zu äußern, was in der klassischen Pädagogik als Prozess der Zivilisierung beschrieben wird. Am Ende entdeckt Viktor auch das Gefühl der Gerechtigkeit und entwickelt Anfänge moralischen Bewusstseins. Damit hat er seine ursprüngliche tierische Wildheit hinter sich gelassen.

Truffauts *L'Enfant sauvage* steht in der Filmgeschichte nicht allein: Erziehungsprozesse sind ein vielfach aufgegriffenes Sujet in Kinder- und Jugendfilmen[12] seit der ersten Hälfte des 20. Jahrhunderts und fast immer modellieren sie pädagogische Prozesse entlang der Dichotomisierung von kindlicher Wildheit und erwachsener Zivilisiertheit, was sich häufig bereits in den Filmtiteln ausdrückt. Um nur einige Beispiele aus aktuelleren Produktionen zu nennen: In *Die Wilden Kerle* (D 2003, R: Joachim Massanek)[13] steht eine Gruppe fußballbegeisterter Jungs im Mittelpunkt, in *Die Wilden Hühner* (D 2006, R: Vivian Naefe) geht es um die Abenteuer pubertierender Mädchen, im amerikanischen Film *Wild Child* (USA / GB / F 2008, R: Nick Moore) erlebt eine Gruppe rebellierender Internatsschülerinnen Abenteuer, im Kinderfilm *Where the Wild Things Are* (*Wo die wilden Kerle wohnen*, USA 2009, R: Spike Jonze) träumt sich ein einsamer Junge in eine Welt voller Fabelwesen, in *The Wild* (*Tierisch wild*, USA 2006, R: Steve Williams) muss sich ein Zoolöwe plötzlich in Afrika zwischen seinen wilden Artgenossen zurechtfinden.

Während die Erwachsenenwelt als reguliert und von zivilisatorischen Normen und deren Sanktionierung bestimmt gezeigt wird,

12 Üblicherweise werden in der Filmwissenschaft unter Kinder- und Jugendfilme Filme gefasst, die für ein nicht erwachsenes Publikum produziert wurden. Hier sollen unabhängig vom Zielpublikum alle Filme als Erziehungsfilme definiert werden, die pädagogische Prozesse zeigen. Zur Problematik der Definition von Kinder- und Jugendfilmen vgl. Ian Wojcik-Andrews: *Children's Films: History, Ideology, Pedagogy, Theory*. New York: Garland 2000, S. 1–22.

13 Inzwischen sind insgesamt fünf Sequels produziert worden.

ist die Welt der Kinder eine, in der die Kinder ihre Wünsche und Bedürfnisse ungehindert durch die Restriktionen der Erwachsenenwelt ausleben können. Prototypisch zeigt sich diese Konstellation bei der „wilden“ Pippi Langstrumpf.[14] Sie lebt in der Villa Kunterbunt, gemeinsam mit ihren Tieren, einem Pferd und einen Äffchen, sie geht nicht zur Schule und bestimmt ihren Tagesablauf allein nach ihren spontanen Launen: Sie räumt nicht auf, klettert auf den Möbeln herum und hat in der Wohnung keine Ordnung, die den Konventionen der Erwachsenen entspricht. Pippis Wildheit visualisiert sich also vor allem negativ durch die Nichtbeachtung zivilisatorischer Konventionen. Die Erwachsenenwelt, repräsentiert durch die Gemeindevertreterin Fräulein Prysselius und die Polizisten Kling und Klang, reagiert entsprechend verstört. Der Versuch, Pippi durch Einweisung in ein Erziehungsheim in die Ordnung der Zivilisation zu integrieren, scheitert an der Widerständigkeit des Kindes. Pippi wird dabei freilich wie eine „gute“ Wilde inszeniert, die zwar konträr zu den Vorstellungen der Erwachsenen lebt, aber keine echte Gefahr für diese Ordnung darstellt: Ihre Villa „Kunterbunt“ ist räumlich von der übrigen Siedlung segregiert und Pippi erscheint nicht als Bedrohung. In ihrer Naivität und spontanen Hilfsbereitschaft gegenüber anderen Kindern wird ihre Wildheit als eine unverdorbene natürliche Moralität inszeniert.

Bedrohlich und unmoralisch, aber ebenso scharf gegen die Erwachsenenwelt kontrastiert ist dagegen die Wildheit der Kinder in Harry Hooks Romanverfilmung *The Lord of the Flies* (*Der Herr der Fliegen*, USA 1990). Durch einen Flugzeugabsturz auf eine einsame Insel verschlagen, regrediert eine Gruppe wohlerzogener Internatsschuler in einen ‚Naturzustand‘, in dem nur noch das Gesetz des Stärkeren herrscht. Als wilde Menschen, halbnackt und mit primitiven Speeren bewaffnet, streifen sie in den Wäldern und am Strand der Insel umher. Ihr Antrieb ist allein der Wunsch nach Befriedigung elementarer biologischer Bedürfnisse, für die sie schließlich auch bereit sind, andere zu töten. Sie sind zu wilden Tieren geworden, die zuletzt sogar weitgehend die menschliche Sprache verloren haben und sich mit Schreien und Brüllen verständigen. Bei ihrer Entdeckung stehen sie einer Truppe hochdisziplinierter Soldaten gegenüber, die

14 *Pippi Långstrump* (*Pippi Langstrumpf*, D / SW 1969, R: Olle Hellborn).

in ihren aufrechten Körperhaltungen, den sauberen und korrekt sitzenden Uniformen inmitten von Hubschraubern und Landebooten den visuell maximalen Kontrast zu den im Wortsinne verwilderten Kindern darstellen. In den Blicken der Erwachsenen spiegelt sich in der Schlusssequenz des Filmes das Entsetzen über eine jederzeit im Menschen vorhandene und nur mühsam disziplinierte Wildheit wider.

Die narrative Struktur des Films, die im konventionellen Erzählkino die Entwicklung eines Protagonisten entlang des fünfaktigen von Gustav Freytag im 19. Jahrhundert entwickelten dramaturgischen Schemas[15] zeigt, macht den Spielfilm besonders geeignet, pädagogische Prozesse zu modellieren. Wo das klassische filmische Drama den Helden aus seinem Leben im Einklang mit seiner Umwelt herausreißt und ihn zwingt, über eine Reihe von Konflikten einen Reifungsprozess durchzumachen, steht am Anfang des Erziehungsfilmes die Loslösung des wilden Kindes aus seiner natürlichen Umwelt und seine Unterwerfung unter einen meist schmerzhaften Erziehungsprozess. An dessen Ende steht die Menschwerdung des Zöglings.

So erzählt *Rudyard Kipling's Jungle Book* aus dem Jahr 1942 – von Regisseur Zoltan Korda in satten Technicolorfarben[16] inszeniert – die Geschichte des kleinen Mowgli. Wie Truffauts Viktor lebt auch Mowgli zwischen den Tieren, nur seinen eigenen Bedürfnissen und Wünschen nachgehend als wildes Kind inmitten wilder Tiere. Es ist freilich kein harter Überlebenskampf wie beim Jungen von Aveyron, sondern ein harmonisches Miteinander: Mowgli spricht die Sprache der Tiere und die Urwaldbewohner helfen sich jederzeit gegenseitig. Aber wie Viktor ist Mowgli mehr Tier als Mensch. Und wie Truffauts Wolfsjunge wird auch Mowgli zufällig entdeckt, gefangenen genommen und einem radikalen Prozess der Adaption an die zivilisatorischen Normen und Konventionen unterworfen und zur Aufgabe

15 Gustav Freytag: *Die Technik des Dramas*. Leipzig: Hirzel 1863; demnach entwickelt sich eine dramatische Handlung über die Phasen der Exposition, Klimax, Peripetie, Retardierung hin zur Katastrophe bzw. alternativ zur Lysis. Das Erzählkino des 20. Jahrhunderts hat sich wesentlich an dieses Schema gehalten, dies gelegentlich auch auf drei Abschnitte reduziert, die jeweils durch erkennbare „plot points" voneinander geschieden werden.

16 Dt. *Das Dschungelbuch*, USA 1942; die Verfilmung lehnt sich an die bereits 1894 publizierte Geschichtensammlung von Rudyard Kipling: *The Jungle Book*. London: Macmillan 1894, an.

seiner bisherigen Lebensweise gezwungen: Er lernt, aufrecht zu gehen, nicht mehr wie ein Tier aus Pfützen zu trinken und seinen zuvor unbändigen Bewegungsdrang zu beherrschen. Seine leibliche Mutter, die nicht weiß, dass Mowgli ihr vor Jahren im Urwald verlorener Sohn ist, lehrt ihn diverse Kulturtechniken, insbesondere die menschliche Sprache und den Umgang mit Feuer und mit Geld. Schließlich wird er funktionell in das ökonomische System der dörflichen Gemeinschaft integriert, indem er die Viehherde des Dorfes hütet. Doch auch Mowgli bleibt bei aller äußeren Anpassung noch immer wild und tierhaft. „Ich bin bei euch Menschen, aber ich bin kein Mensch«“, sagt er einmal und manche Dorfbewohner misstrauen dem wilden Kind. Er sei ein „wilder Teufel“ sagt einer, mit ihm habe man „den Fluch der Wildnis herabbeschworen.“ Als Mowgli erkennen muss, dass die menschliche Zivilisation bestimmt ist durch Unfreiheit, formale Hierarchien und die Gier nach materiellem Reichtum, entschließt er sich enttäuscht und abgestoßen, wieder in die wilde Natur zurückzukehren. „Ich bleibe im Dschungel, die Tiere sind meine Brüder“, erklärt er apodiktisch.

Aber, das ist die Pointe von Kordas Film: Mowglis Rückkehr ist keine Regression in den ursprünglichen Status eines wilden Kindes unter wilden Tieren. Seine Zivilisierung erweist sich als irreversibel. Mehr noch: Seine zivilisatorischen Kompetenzen befähigen ihn, der vorher Teil der wilden Natur war, sich über diese Natur zu stellen und sie zu beherrschen. „Er ist der König der Wälder“, so Mowglis Mutter in der Schlusssequenz des Filmes. Nicht mehr auf allen Vieren gehend, sondern auf einem Elefanten reitend, den er seinem Willen unterworfen hat, kehrt Mowgli in den Wald zurück. Die Kamera erhöht aus leichter Unterperspektive die Position Mowglis noch und zeigt so den Triumph über die wilde Natur.

Truffauts *L'Enfant sauvage* und Kordas *Rudyard Kipling's Jungle Book* zeigen bei gleicher narrativer Struktur des Erziehungsprozesses eine prinzipiell differente Bewertung: Wo in Kordas Film der Verlust der kindlichen Wildheit zwar mit Schmerzen und Entbehrungen verbunden ist, letztlich aber als ein notwendiger Akt der Menschwerdung, der von der Abhängigkeit und den Zwängen der inneren und äußeren Natur befreit, gesehen wird, entwickelt Truffaut eine völlig andere Perspektive: Der Erziehungsprozess ist für ihn, obgleich von den guten Absichten Itards geleitet, ein Gewaltakt, instrumentell durchgesetzt mit positiven und negativen Sanktionen. Die Erziehung bedeutet für Viktor letztlich vor allem einen Verlust an Freiheit. Begann der Film mit weiten Perspektiven, in denen der wilde Junge sich scheinbar unbeschwert in der freien Natur bewegte, zeigt er im Schlussbild einen vollständig kontrollierten Viktor, dessen Gang verlangsamt ist und der keinen Laut mehr von sich gibt. Eingegrenzt von den Mauern des Hauses wird er über eine enge Treppe in sein Zimmer geführt. Die Stäbe des Geländers erscheinen bei Truffaut beinahe wie die Gitterstäbe eines Gefängnisses.

Erziehungsfilme sind so nicht bloße Visualisierungen tradierter pädagogischer Theorien, sondern repräsentieren zunächst die pädagogischen Auffassungen der jeweiligen Autoren und Regisseure. Darüber hinaus sind Erziehungsfilme als massenmediale Produkte, die anschlussfähig an die Erwartungen des Publikums sein müssen, immer auch eingebunden in den Kontext pädagogischer Auffassungen einer bestimmten Epoche. Sie spiegeln das „jeweils aktuelle Bild von Kindheit in einer Gesellschaft und die pädagogischen Konzepte, die mit ihrem begleitenden Aufwachsen verbunden sind“[17]. Sie sind Teil des pädagogischen Diskurses kollektiver Interpretationsgemeinschaften,[18] indem sie Modelle gelingender oder auch scheiternder pädagogischer Praxen vorführen[19], und dienen der jeweiligen Gesellschaft als Vergewisserung über das pädagogische Selbstverständnis, indem Erziehungspraxen affirmativ oder kritisch gezeigt werden. Damit verbunden ist die Bewertung kindlicher Wildheit.

Im populären Erziehungsfilm der 1950er und 1960er Jahre dominiert das von Kordas *Dschungelbuch*-Verfilmung vorgegebene Modell: Die Wildheit der Kinder wird gegenüber dem Zustand erwachsener Zivilisierung als grundsätzlich defizitär begriffen. Aufgabe der Pädagogik ist es, diesen Zustand zu überwinden, selbst dann, wenn

17 Horst Schäfer / Claudia Wegener: Kindheit und Film. In: Dies. (Hrsg.): *Kindheit und Film. Geschichte, Themen und Perspektiven des Kinderfilms in Deutschland.* Konstanz: UVK 2009, S. 9–18, hier S. 9.

18 Zum Begriff der Interpretationsgemeinschaft vgl. Stanley Fish: *Is There a Text in This Class? The Authority of Interpretative Communities*. Cambridge, MA: Harvard UP 1980.

19 Zum Konnex zwischen Erziehungsdarstellungen und gesellschaftlichen Idealen im Kinder- und Jugendfilm vgl. auch Christine Gölz (Hrsg): *Filme der Kindheit. Beispiele aus Skandinavien, Mittel- und Osteuropa.* Frankfurt am Main: Lang 2010.

er retrospektiv als ein Lebensabschnitt des Glücks und der Unbeschwertheit verklärt wird. Wilde Kinder können dabei nicht nur Jungs, sondern ebenso Mädchen sein.

Exemplarisch zeigt dies die erste Realverfilmung von *Heidi* (CH 1952, R: Luigi Comencini): Die kleine Heidi lebt nach dem Tod ihrer Eltern zusammen mit ihrem Großvater, dem Alp-Öhi, auf einer abgelegenen Alm in den Schweizer Bergen. Gegen ihren Willen wird sie von ihrer Tante nach Frankfurt gebracht, wo sie in einem großbürgerlichen Haushalt Privatunterricht bekommt. Während auf der Alp die Natur den Rhythmus des Tages bestimmt, Heidi sich frei zwischen Wiesen, Wäldern und Bergen ganz nach ihren spontanen Eingebungen bewegt, ist das Leben in Frankfurt vor allem eines in geschlossenen Räumen, starren und scharf sanktionierten Verhaltensnormen, die Heidi zunächst weder versteht noch akzeptiert. Sie zappelt am Tisch, reißt bei jeder Gelegenheit aus und sammelt in ihrem Schrank einen Vorrat an Brötchen wie ein Eichhörnchen seine Wintervorräte. Immer wieder wird sie als „wild“ und „ungezogen“ gescholten. Kontrastiert wird Heidi mit Clara, der Tochter des Hauses, die sich durch vollendete Zivilisierung auszeichnet, indem sie alle Konventionen der Zivilisation vollkommen internalisiert hat und sie nicht einmal mehr als Einschränkung ihrer Freiheit sieht. Durch eine Lähmung der Beine an den Rollstuhl gefesselt visualisiert sie die zivilisatorische Unterwerfung einer als unberechenbar verstandenen Körperlichkeit. Während sie gerade in ihrer beschränkten Bewegungsfähigkeit dem zivilisatorischen Umfeld der Stadtwohnung perfekt angepasst ist, stößt Heidi in ihrem wilden, ziellosen Bewegungsdrang immer wieder an die auch materiellen Grenzen der Stadtwohnung mit ihren Türen, Treppen und eng gestelltem Mobiliar.

Wie Mowgli wird auch Heidi einem radikalen Zivilisierungsprozess durch strikte Disziplinierung unterworfen. Sie muss gerade sitzen, wird gezwungen Hochdeutsch zu lernen und darf nicht mehr mit der Hand essen. Am Ende gelingt die Zivilisierung von Heidi so perfekt, dass sie beinahe ihr früheres Leben auf der Alp vergisst. Als sie schließlich doch zurück darf in die Schweiz, ist sie nicht mehr dieselbe. Sie rennt jetzt nicht mehr durch die Wiesen, sondern geht auf den Wegen und sie trägt auch nicht mehr die einfache bäuerliche Kleidung, sondern ein hübsches weißes Stadtkleid. Vor allem aber will sie nicht in ihr altes, wildes Leben zurück. Sie besucht jetzt die

Schule im Dorf und bringt sogar ihren Großvater, der sich vor Jahren verbittert auf seine Berghütte zurückgezogen hat, dazu, wieder in das Dorf, mithin in die Zivilisation, zu gehen. Ganz im Sinne des fortschrittszentrierten Selbstverständnisses der neuzeitlichen Pädagogik wird Heidi nicht nur in die Zivilisation integriert, sondern wird so selbst zur Akteurin weiterer Zivilisierungsprozesse.

Wenn in den Erziehungsfilmen der 1950er und 1960er Jahre überhaupt Kinder oder Jugendliche gezeigt werden, die sich den Disziplinierungspraxen entziehen, dann meist mit einer moralisierenden Warnung an die Zuschauer: Während Kinder, die sich in die Zivilisation integrieren lassen, ihre eigentliche Bestimmung erreichen, scheitern wilde Kinder, indem ihnen in der Zivilisation jede Existenzberechtigung verweigert wird. In dem 1955 von Richard Brooks in den USA inszenierten Schulfilm *Blackboard Jungle* (*Saat der Gewalt*) repräsentiert eine Gruppe von Schülern die wilden Kinder, die sich kollektiv zunächst jeder Anpassung an die Normen und Anforderungen der Schule verweigern. Ihr Verhalten ist von unkontrollierten Gewaltausbrüchen bestimmt, die sich gegen die Räume, aber auch gegen die Lehrer richten. Ein neuer Lehrer, der Weltkriegsveteran Richard Dadier schafft es nach vielen Mühen und Konfrontationen, sich durchzusetzen und die Schülergruppe dazu zu bringen, diszipliniert am Unterricht teilzunehmen. Lediglich ein Schüler, der frühere Bandenführer West, verweigert sich der neuen Disziplin. In einem letzten Gewaltakt wird er von seinen nunmehr vollkommen disziplinierten Mitschülern aus dem Klassenraum entfernt. Damit ist sowohl die physische Bedrohung der nunmehr zivilisierten Schüler durch den wilden Schüler ausgeschaltet als auch die psychische eines jederzeit möglichen Rückfalls in die Wildheit durch die Präsenz eines Modells von Wildheit.

Heidi und *Blackboard Jungle* zeigen so, was in der Pädagogik seit der Aufklärung immer auch mitgedacht wurde: Einen Platz in der Zivilisation gibt es nur für diejenigen, die sich den Prozessen der Disziplinierung unterwerfen. Wer dies nicht will oder nicht kann, wird konsequent segregiert. Die wilden Kinder in den Erziehungsfilmen der 1950er und 1960er Jahre erfüllen eine vergleichbare gesellschaftliche Funktion wie die realen Wolfskinder des 18. Jahrhunderts: Sie zeigen die permanente Bedrohung der Zivilisation durch die Wildheit, vermitteln zugleich aber das beruhigende Gefühl, diese Wildheit, wenn nicht völlig zu besiegen, so doch unter Kontrolle bekommen zu können.

Mit der liberalen Pädagogik und der Antipädagogik[20] in den 1960er und 1970er Jahren, die auf theoretischer Ebene Erziehung als Gewaltakt zur Unterdrückung natürlicher kindlicher Triebe im Interesse einer repressiven Gesellschaft begriff, kamen auch im Erziehungsfilm verstärkt die Verluste in den Blick, die die Disziplinierung zur Zivilisation für die Edukanden mit sich bringt. Hier sind auch die Filme Truffauts zu verorten. Schon 1959 hatte er, eine kritische Pädagogik antizipierend, mit *Les Quatre Cents Coups* (*Sie küssten und sie schlugen ihn*, F 1959) ein Erziehungsdrama vorgelegt, in dessen Mittelpunkt der junge Antoine steht. Als Rumtreiber, Kleinkrimineller und Schulschwänzer ist auch er ein wildes Kind, das sich kaum an zivilisatorische Normen hält. Der Dschungel, in dem er sich bewegt, ist freilich nicht ein abgelegener Wald, sondern die Großstadt Paris. An seiner Zivilisierung versuchen sich alle möglichen Erziehungsakteure: Die Mutter, der Stiefvater, die Schule und schließlich sogar die Polizei. Am Ende kommt Antoine in ein Erziehungsheim, in dem eine beinahe militärische Disziplin herrscht. Damit hat die Gesellschaft seine, wie die der anderen Heimkinder Wildheit unter Kontrolle. Der Zögling Antoine hat aber nicht nur seine äußere Freiheit verloren, sondern zerbricht auch innerlich am Verlust dieser Freiheit. Wie später in *L'Enfant sauvage* gelangt der Mensch hier nicht durch Erziehung zu seiner eigentlichen Bestimmung, vielmehr wird seine wirkliche Natur, die eben nicht gegen, sondern auch durch Wildheit bestimmt ist, zerstört.

Seit den 2000er Jahren wird in den Kinder- und Jugendfilmen ein neues Modell kindlicher Wildheit entwickelt, das die Erziehung weder als Unterdrückung der Wildheit noch als Befreiung von der Wildheit verstehen will. Die Wildheit der Kinder wird in diesem Modell als eine potentiell destruktive, aber niemals völlig zu besiegende Eigenschaft der menschlichen Natur gesehen. Aufgabe der Pädagogik ist demnach nicht, Wildheit als solche zu bekämpfen, sondern sie in gesellschaftlich akzeptable Bereiche zu lenken.

20 Vgl. Ekkehard von Braunmühl: *Antipädagogik. Studien zur Abschaffung der Erziehung*. Weinheim: Beltz 1975.

In *Die wilden Kerle* von Joachim Massanek hat eine Gruppe fußballfanatischer Jungs unter ihrem Anführer Leon alle Eigenschaften wilder Kinder. Zuerst spielen sie in Verletzung zivilisatorischer Normen in den Wohnungen Fußball, zerstören dabei Mobiliar und schießen Fenster zu Bruch. Als sie zur Strafe Hausarrest bekommen, fliehen sie aus dem zivilisatorischen Gefängnis. Auch auf ihrem improvisierten Bolzplatz – dem „Teufelstopf" zeichnen sie sich durch eine große Impulsivität und geringes Regelbewusstsein aus. Es gibt keinen Schiedsrichter auf dem Platz, keine strukturierte Mannschaftsaufstellung und kein Teamplay: Jeder versucht für sich, den Ball so lange als möglich zu behalten. Genau wegen dieser Undiszipliniertheit drohen sie das wichtige Fußballspiel gegen ihre Rivalen, die „Unbesiegbaren Sieger", zu verlieren.

Erst durch den ehemaligen Fußballtrainer Willi lernen sie, ihre Wildheit zu kontrollieren. Er erklärt ihnen, wie man taktisch richtig spielt, und vor allem, dass sich die Einzelnen zugunsten der Gruppe zurücknehmen müssen. Schließlich gewinnen sie dadurch das Spiel. Obwohl das Motto der wilden Kerle: „Alles ist gut, solange du wild bist" während des Filmes immer wieder in den Aussagen der Protagonisten und im Refrain der tragenden Musik formuliert wird, sind sie gerade nicht mehr wild im ursprünglichen Sinn, sondern als Gemeinschaft höchst diszipliniert. Ihre Wildheit ist auf die Äußerung emotionaler Erregungen kondensiert, die aber niemals die Regeln des Fußballspiels, denen sich die wilden Kerle in einem Akt der Selbstdisziplinierung unterwerfen, sprengt. Sie ist nunmehr eine diffuse Kraft, die die Spieler antreibt, aber eben regelgeleitet und kontrolliert. Überdies ist sie auf den Bereich des zweckfreien Spielens beschränkt, damit spatial in eine Heterotopie verbannt, die zugleich ihr Ausleben und ihre Kontrolle innerhalb einer disziplinierten Gesellschaft ermöglicht.[21] Außerhalb des Spielfeldes sind die wilden Kerle gute Schüler und im Großen und Ganzen folgsame Kinder.

Noch gezähmter zeigt sich die Wildheit in *Die wilden Hühner*, dem speziell für das weibliche Publikum konzipierten Pendant zu *Die wilden Kerle*. Hier geht es um eine Gruppe etwa 11-jähriger Mädchen, die einige Rivalitäten mit einer Jugendgruppe ausficht und auch einzelne

21 Zum Begriff der Heterotopie vgl. Michel Foucault: *Die Heterotopien/Der utopische Körper. Zwei Radiovorträge*. Frankfurt am Main: Suhrkamp 2005.

Konflikte mit ihren Eltern hat. Ihre Wildheit wird wie schon bei den wilden Kerlen in eine Heterotopie verbannt, die in diesem Fall aus einem Hühnerstall und einem alten Bauwagen besteht, wo sich die Gruppe der Mädchen regelmäßig trifft. „Sie wurden wild geboren. Sie sind wild entschlossen. Sie gehen durch dick und dünn“, ist das die wilden Kerle plagiierende Motto der Mädchengruppe. Aber sie erweisen sich noch weniger wild als die „wilden Kerle“ aus Massaneks Film. Das zeigt besonders die Schlusssequenz, als sich die Mädchen nach überstandenen Abenteuern vor dem Bauwagen versammeln und gemeinsam Kaffee trinken und Kuchen essen. Ihre wilde Phase ist damit auch zeitlich abgeschlossen. Das Schlusssetting in *Die wilden Hühner* wirkt wie eine perfekte Kopie einer vollkommen zivilisierten Erwachsenenwelt. Dass eine solche gezähmte Wildheit auch für die Erwachsenen keine Provokation mehr darstellt, diese, wie die *Frankfurter Rundschau* in einer Rezension schrieb, „auch ein erwachsenes Publikum schnell zum Träumen verleiten kann“[22], scheint kaum verwunderlich.

In diesen neuen Filmen, so lässt sich mit leichter Polemik zum Schluss vermerken, hat die Disziplinargesellschaft, die Michel Foucault für die Moderne diagnostizierte,[23] einen angemessenen visuellen Ausdruck gefunden, die Pädagogik ihren Kampf gegen die tierische Wildheit im Kind, der sie seit der Aufklärung geprägt hat, endgültig gewonnen. Freilich auf eine besonders subtile Weise.

22 *Frankfurter Rundschau*, 09.02.2006.

23 Michel Foucault: *Überwachen und Strafen. Die Geburt des Gefängnisses.* Frankfurt am Main: Suhrkamp 1994.

Die konzeptuelle und räumliche Verortung der Wildnis

In freier Wildbahn

Aus- und Ansichten eines Anthropologen

Volker Sommer

Eine weit gereiste Disziplin

Die Ferne erleben: Dieser Traum nährt die Tourismusindustrie. Zu jenen Privilegierten, die das ‚ganz Andere' als Profis erkunden, zählen die Anthropologen. Die Etymologie lehrt, dass diese professionell Fernsüchtigen die Vielfalt der Menschheit (*anthropos*) mittels weiser Worte (*logos*) klären und erklären.[1] Doch Anthropologen ‚reisen' nicht einfach. Sie führen ‚Feldforschung' (*field research*) oder ‚Feldarbeit' (*field work*) durch. Dazu setzen sich die Forscher für längere Zeit, fern von Heimat und Familie, dem Anderen aus, wohnen bei fremden ‚Einheimischen', lernen deren Sprache, teilen Essen und Rituale, dokumentieren die Formen des Lebens und Sterbens durch detaillierte Aufzeichnungen.

Diese anthropologische Methode hat ihre Wurzeln in sozialen Konstruktionen speziell des 19. Jahrhunderts, als Akademiker aus sogenannten zivilisierten Nationen ihr Augenmerk auf sogenannte primitive Menschen richteten. Heute werden solche Dichotomien nur noch selten vertreten – was aber gleichzeitig zum Verlust einer Projektionsfläche führt. Denn als sich die eher problematischen Seiten westlicher Zivilisation offenbarten – Kriege, Haifischkapitalismus, Umweltzerstörung – wurden die ‚Wilden' auch romantisiert und zu Vorbildern hochstilisiert. An die Stelle der Mensch-Mensch-Dichotomie – das möchte ich im Folgenden illustrieren – tritt deshalb zunehmend ein romantisch befrachteter Dualismus von Mensch versus Tier. Tiere halten uns nämlich weiterhin jenen Horizont der Wildnis offen, der uns hinsichtlich des Menschen mittlerweile verstellt ist. ‚Bessere Menschen' und ‚sanfte Riesen', die in einem ‚Garten Eden' leben – diese Klischees werden heute von Schimpansen, Gorillas und Orang-Utans verkörpert.[2] Obwohl auch bei diesen Tieren gewaltsame Tötungen von Artgenossen nicht gerade selten sind.

1 Vgl. Barbara D. Miller: *Cultural Anthropology*. Boston / New York: Pearson 2005.

2 Vgl. Jane Goodall: *In the Shadow of Man*. London: Collins 1971; Dian Fossey:

Gleichwohl – solide Feldarbeit war und ist die beinahe sakrale, zumindest aber zentrale Forschungsmethode der Anthropologie.[3] Besonders interessant sind hierbei die Unterschiede und Gemeinsamkeiten hinsichtlich Feldforschung, wie sie von eher geistes- bzw. naturwissenschaftlich ausgerichteten Fraktionen der Anthropologie praktiziert werden. Als sich die Anthropologie vor etwa hundert Jahren zunehmend als eigene Fachrichtung etablierte, war Erfahrung im Feld ein Orden, der gern getragen wurde. In mancherlei Hinsicht ist das auch heute noch so. Aus der Ferne Zurückgekehrte gießen weiterhin ihre Erfahrungen in Monografien, halten Vorträge und zuweilen erhalten sie auch Lehrstühle – speziell wenn die Feldarbeit entbehrungsreich war. Als etablierte Akademiker residieren sie in ihren Instituten nun quasi als Stellvertreter jener Ethnie, durch deren Studium sie berühmt wurden.

Feldarbeit fesselt, weil sie voller Überraschungen steckt. Zwar mag Schatzsuche unter unberechenbaren Eingeborenen à la *Indiana Jones* nichts als eine populäre Fiktion sein. Denn zeitgenössische Anthropologen ähneln meist wenig dem Klischee des bebarteten Gelehrten, der mit Mühen unter Primitiven überlebt. Wahrscheinlicher als eine Untersuchung der Trobriand-Insulaner sind – weil heute das ‚Feld' weder fern noch fremd sein muss – Studien im nächstgelegenen Sari-Laden, DNA-Labor oder Internet-Café.[4]

Doch halt: Derlei Domestizierung betrifft nur eine Hälfte der Disziplin, die ‚Kulturanthropologen'. Denn hier ist man und frau mittlerweile zurückhaltend gegenüber dem Paradigma des Exotisierens, weil die *conditio humana* sich genauso gut in der Erlebnisbäckerei offenbaren kann. Doch verbleiben durchaus wilde Studienobjekte, nämlich in der Tier- und Vormenschenwelt. Die wird, wenn man eine schwer ausrottbare dualistische Tradition unkritisch übernehmen wollte, von der anderen Fraktion untersucht – den ‚Naturanthropologen'.[5]

Gorillas in the Mist. London: Hodder & Stoughton 1983; Birute M. F. Galdikas: *Reflections of Eden: My Years with the Orangutans of Borneo*. Boston: Little, Brown &Co. 1995.

3 Jeremy MacClancy / Agustín Fuentes (Hrsg.): *Centralizing Fieldwork. Critical Perspectives from Primatology and Biological Anthropology in the Lens of Social Anthropological Theory and Practice*. Oxford: Berghahn 2010.

4 Vgl. z. B. Daniel Miller: *The Internet: An Ethnographic Approach*. Oxford: Berghahn 2000.

5 Vgl. Volker Sommer: Kulturnatur, Naturkultur. Argumente für einen Monismus. In: *Zeitschrift für Kulturphilosophie* 5 (2011), S. 9–40.

Warum ist das Feld hier weiterhin wild? Nun ja, die Paläoanthropologen graben am liebsten irgendwo in gottverlassener Gegend, um einen neuen Unterkiefer oder Oberhalsschenkelknochen zutage zu fördern, der das Alter des Genus *Homo* mal wieder um ein paar Hunderttausend Jahre älter macht. Während die Primatologen – und hier wären wir endlich bei meiner eigenen Zunft und Zünftigkeit! – sich vorzugsweise unter ungezähmt herumtollenden Mitgliedern der Säugetierordnung *Primates* aufhalten: den Halbaffen, Affen und Menschenaffen.[6] Die aber sind meist in Urwäldern und Savannen rechts und links des Äquators beheimatet – jenen traumatischen Tropen, an die selbst die Stuttgarter Straßenbahn keine Anbindung hat.

Interessanterweise existiert bei der Anthropologie eine kontinentale Scheide zwischen Anglo-Amerika und Kontinental-Europa. Denn wer im anglo-amerikanischen Kontext von ‚anthropology' redet, meint gewöhnlich nur die ‚cultural anthropologists' – auch als ‚social anthropologists' bezeichnet –, deren Studien sich auf die Spezies Mensch beschränken. Gegenüber diesen Kulturanthropologen gewöhnlich in der Minderzahl sind die als ‚biological anthropologists' oder ‚physical anthropologists' bezeichneten Naturanthropologen. Sie widmen sich Physiologie, Genetik und Fossilgeschichte der Hominiden – weshalb ihr Bezugsrahmen oft den Vergleich mit nichtmenschlichen Primaten einschließt. Im deutschsprachigen Raum ist das Kräfteverhältnis umgekehrt: Institute für Anthropologie beherbergen fast ausschließlich an der Biologie orientierte Wissenschaftler, während das Kulturelle den Völkerkundlern und Soziologen überlassen wird.

Somit können wir im deutschen Sprachraum die bevorzugte Betätigung vieler Anthropologen noch poetischer umschreiben – nicht nur als ‚Feldforschung' oder ‚Freilandforschung', sondern sogar als ‚Forschung in freier Wildbahn'. Wikipedia will wissen, dass die *Wildbahn* im historischen Sinn ein Forst ist, der vorrangig der Hege von Wild diente – und ursprünglich als *Wildbann* bezeichnet wurde, als Bannforst, in dem nur der König oder Edelmann Jagdrecht hatte.[7] Im allgemeinen Sprachgebrauch hingegen sei heute mit *freier Wildbahn* auch *freie Natur* gleichgesetzt.

6 Josep Call / John Mitani / Peter Kappeler / Ryne Palombit / Joan Silk (Hrsg.): *The Evolution of Primate Societies*. Chicago: University of Chicago Press 2012.

7 https://de.wikipedia.org/wiki/Wildbahn (Zugriff am 20.06.2015).

Letzterer Assoziation will ich mich nicht verschließen, wenn ich im Folgenden die Feldarbeit der Kulturanthropologen mit jener der Naturanthropologen vergleiche. Da die Evolutionstheorie mit ihrem gradualistischen Paradigma mein intellektueller Kompass ist, hat diese Übung einerseits zum Ziel, die künstliche Grenze zwischen Kultur und Natur zu hinterfragen, und andererseits die gleichfalls artifizielle Dichotomie zwischen Mensch und Tier. Speziell die Metapher der Wildnis erzeugt dabei interessante Brechungen.

Unter Affen

Meine eigene Karriere als Freilandforscher währt mittlerweile dreieinhalb Jahrzehnte, wobei ich mein Interesse auf vor allem drei Primatenspezies richte:

- Langurenaffen am Rande der großen indischen Wüste in Rajasthan (seit 1981), mit etwa 3 Jahren Feldarbeit[8];
- Gibbons im thailändischen Regenwald des Khao Yai Nationalparks (seit 1989), mit etwa 2 Jahren vor Ort[9];
- Schimpansen in Bergwald des Gashaka-Gumti National Parks in Nigeria (seit 1999), mit etwa 5 Jahren im Feld[10].

Aus mitteleuropäischer Sicht dürften meine Freilandjahre durchaus als Jahre in der Wildnis gelten – obwohl sich diese Wahrnehmung für mich zumindest vor Ort total verliert. Ich bin, wo ich bin, und erst, wenn ich anderswo davon erzähle, wird mein Aufenthalt ‚wild'…

In Indien lebte ich in einem Hindu-Tempel vor den Toren der Stadt Jodhpur. Die Kaste der Schneider war bereit, mir einen Anbau an das Heiligtum zu vermieten, von dem aus ich auch Zugang ins Innere hatte. Ich befreundete mich mit der Brahmanenfamilie und wurde dadurch kompetent, shivaistische Rituale durchzuführen. Auch meine wissenschaftliche Beobachtung an den Languren entbehrte nicht eines sakralen Aspekts. Da die Affen als Nachfahren des Gottes Hanuman gelten, werden sie von der Bevölkerung als heilig angesehen und vielerorts gefüttert. Deshalb sind sie an Menschen gewöhnt, und man

8 Volker Sommer: *Heilige Egoisten. Die Soziobiologie indischer Tempelaffen.* München: Beck. 1996.

9 Vgl. Volker Sommer / Ulrich Reichard: Rethinking Monogamy: The Gibbon Case. In: Peter Kappeler (Hrsg.): *Primate Males: Causes and Consequences of Variation in Group Composition.* Cambridge: Cambridge UP 2000, S. 159–168.

10 Volker Sommer: *Schimpansenland. Wildes Leben in Afrika.* München: Beck 2008.

kann in der oft heißen und trockenen Dornstrauchsavanne mitten unter ihnen sitzen und Protokollbögen füllen. Hauptforschungsgebiet waren Sexualverhalten und reproduktive Strategien – wobei der von Männchen an Nachkommen von Konkurrenten verübte Kindesmord zum zentralen Thema wurde. Die weit verstreuten Studiengruppen erreichte ich mit einem Motorrad.

Ein solches Gefährt kam auch in Thailand zum Einsatz. Ich wohnte am Rande des Regenwaldes in einer Feriensiedlung, die die Reichen der Stadt Bangkok als Investment gebaut hatten. Von dort fuhr ich mitten in der Nacht los, um nach 15 Kilometern Waldstraße weitere drei Kilometer zu Fuß zu wandern, bis ich meine Studiengruppen erreichte. Mein Hauptinteresse galt der Sozialstruktur der Gibbons, nämlich wie monogam diese angeblich in Einehe lebenden kleinen Menschenaffen tatsächlich sind. Von der Morgendämmerung bis in den frühen Vormittag hinein waren die Wipfel erfüllt vom mysteriösen Gesang der Gibbons, während mich unten am Boden hautnahe Begegnungen mit Blutegeln, Zecken, Bären, Pythons und Tigern in Atem hielten.

In Nigeria schließlich gründete ich ein Forschungs-und Naturschutz-Projekt, das zu einem der größten in Westafrika heranwuchs. Zunächst zelteten wir in der straßenlosen Wildnis, und bauten dort im Laufe der Jahre eine Station auf, in der ein kombiniertes Solar- und Wasserkraft-System uns mit Strom versorgt. Während der Trockenzeit kann ein Geländewagen mit Allradantrieb bis zur Station fahren. Während der siebenmonatigen Regenzeit sind zu Fuß prekäre Durchquerungen von Flüssen zu bewältigen, um das Hochland zu erreichen. Die Schimpansen sind schwer zu finden, und unsere Forschung nutzt deshalb oft indirekte Methoden, wie das Sammeln von Kotproben und von den Menschenaffen zurückgelassenen Holzwerkzeugen. Außerdem haben wir Dutzende von Videofallen im Wald installiert, oft vor Bienenbauten, zu denen die Schimpansen wegen des Honigs immer wieder zurückkommen.

Im Unterschied zu den zunehmend urbanen Kulturanthropologen ist meine Arbeit als Naturanthropologe also weiterhin von der altmodischen Art – mit langen Perioden als einsamer Forscher weit weg vom Heimatland. Vor diesem Hintergrund will ich einige explizite und implizite Dimensionen der kulturellen und biologischen Anthropologie betrachten – speziell im Hinblick auf die Rolle der ‚Wildnis' bei der Ausformung der Paradigmen.

Armsessel, Verandas und teilnehmende Beobachtung

Kulturanthropologen waren zunächst weder ‚unter Wilden' noch ‚in der Wildnis' zu finden. Vielmehr saßen wohlhabende Herren in ihren europäischen Studierzimmern und fassten dort als *armchair anthropologists* ab Mitte des 19. Jahrhunderts die Heldenerzählungen von Entdeckern, Kolonialbeamten und Missionaren zusammen.

Die Forschung wurde offener, als Anthropologen sich in der Blütezeit des britischen Imperialismus leibhaftig in Kolonien begaben. Hier wurde die Armsessel-Methode abgelöst von der Veranda-Anthropologie, bei der die Herren Forscher Einheimische vor den Türen ihrer stattlichen Wohnhäuser befragten. Auch diese *verandah anthropology* wurde alsbald ersetzt, nämlich durch *participant observation*, durch teilhabende Beobachtung, wie sie der polnischstämmige Bronislaw Malinowski erstmals auf den Trobriand-Inseln praktizierte. Er begründete damit jenen Standard, demgemäß ein Anthropologe eine Kultur über längere Zeit hinweg simultan erforscht und ‚bewohnt'.

Auch in der Freiland-Primatologie existierte zunächst eine Art Veranda-Phase, wenn etwa Jane Goodall Anfang der 1960er Jahre wilde Schimpansen und Paviane mit Bananen aus dem tansanischen Urwald auf ihre Forschungsstation in Gombe lockte. Füttern und Bereitstellen sicheren Aufenthaltes verändert das ‚natürliche' Verhalten, weshalb Primatologen selbstverständlich meist versuchen, zu den Affen zu gehen – statt sie zu sich kommen zu lassen.

Heute zählt es zum Ehrenkodex von Primatologen – die übrigens mehrheitlich Primatologinnen sind –, dass wir endlos Feldgeschichten erzählen können, in denen körperliche Strapazen und Begegnungen mit ungezähmter Fauna und Flora den *basso continuo* darstellen – ein Blut-Schweiss-und-Tränen-Thema, das auch mir innigst vertraut ist. Blut bringen sowohl Egel wie Dornen zum Fließen (oder auch dramatische Darmverstimmungen); Schweiß erzeugen sengende Sonne, Steilhänge sowie Spurts, um die Affen nicht zu verlieren; Tränen schließlich mögen durch Heimweh und Liebeskummer ausgelöst werden – oder auch Rührung. So überwältigte mich einmal die Schönheit einer Szene, als nach Jahren des Fremdelns vor meiner terrestrischen Forschergestalt zwei jugendliche Gibbons aus den Urwaldwipfeln hinabkletterten, um nahebei auf dem Boden zu spielen.

Gemäß Malinowski soll ein Anthropologe für längere Zeit unter Einheimischen leben, ihre Sprache erlernen, sich in ihr Fühlen und Denken hineinversetzen und sich möglichst so verhalten wie sie. Einige dieser Aspekte haben Entsprechungen in der Freilandprimatologie; andere definitionsgemäß nicht.

Das Kriterium der ‚längeren Zeit' ist hauptsächlich darin begründet, dass Ethnologen mindestens einen Jahreskreis abdecken wollen, sozusagen vom Säen bis zum Ernten. Saisonale Schwankungen etwa von Nahrungsverfügbarkeit und Parasitenbelastung beeinflussen auch stark Physiologie und Verhalten nicht-menschlicher Primaten. Wer eine Untersuchung komplett neu beginnt, wird zunächst drei Monate brauchen, um die Logistik einzurichten. Um anschließend zumindest einen Jahreszyklus zu dokumentieren, muss die typische Doktorandin mithin mindestens 15 Monate im Feld bleiben.

Für Kulturanthropologen ist die Langzeitperspektive auch wichtig, um mit Einheimischen *rapport* aufzubauen, eine vertrauensvolle Basis des Interagierens. Feldprimatologen sind hier einer Doppelbelastung ausgesetzt. Denn von ihnen ist Rapport gefordert hinsichtlich Menschen *und* Tieren. Lokale Feldassistenten sind nötig zur Versorgung mit Lebensmitteln, zum Kochen, um das Camp zu unterhalten oder auch Basisdaten hinsichtlich der Tierpopulationen zu erheben.

Mit Tieren Rapport zu etablieren, wird als *Habituation* bezeichnet. Bezüglich der angefütterten heiligen Affen Indiens war kaum Arbeit nötig, während Habituation von wilden Menschenaffen leicht fünf bis sieben Jahre dauern kann. Um langfristig erfolgreich zu sein, muss man als Projektkoordinator ganze Generationen von Volontären, Masterstudenten und Doktoranden hintereinander ins Feld schicken.

Primatologen müssen ihre Affen zwar idealerweise an sich gewöhnen – doch müssen und können sie keine Sprache erlernen. Das Defizit hat aber auch Vorteile. Denn es gehört zum Berufsrisiko von Kulturanthropologen, das für bare Münze zu nehmen, was lokale Informanden erzählen. Für Primatologen ist die Chance von Fehlinterpretation deshalb wegen eingeschränkter Kommunikationsmöglichkeiten paradoxerweise kleiner.

Tod und Sex

Die Anwesenheit von Forschern verändert vermutlich immer das Verhalten der Studienpopulation, ob es sich dabei um Menschen oder Tiere handelt. Interessant ist die Frage, ob Forscher bewusst in soziale Prozesse eingreifen sollten. Schimpansen bringen zuweilen Artgenossen um. Japanische Primatologen in Tansania haben sich deshalb in einigen Fällen an der Hand genommen und um ein bedrohtes Tier einen schützenden Kreis geformt. Auch ich fühlte mich zum Eingreifen berufen. So rettete ich einen jungen Langurenaffen, der in eine Grube gefallen war. Außerdem bewarf ich ein Männchen mit Steinen, das einen Säugling angriff. Genützt hat es nichts – der Tötungswille hielt über Wochen an und führte schließlich zum Ziel. Obwohl solche Eingriffe natürliche Prozesse verzerren, ist zuweilen ein unbewusster ‚moralischer' Impuls einfach stärker.

Nicht nur von Artgenossen kann tödliche Bedrohung ausgehen, sondern auch von Primatologen selbst. Als vor etwa einem halben Jahrhundert Freilandforschung en vogue wurde, zeigten die Titelseiten von *National Geographic* Forscherinnen in hautnahem Umgang mit Schimpansen, Gorillas oder Orang-Utans. Es war Usus, die zutraulich gewordenen Primaten zu umarmen und mit ihnen zu spielen – wobei die Initiative zu diesen Inter-Spezies-Berührungen oft von den Menschenaffen selbst ausging. Die Freilandpioniere wussten damals nicht, dass sie Keime an sich trugen, gegen die die tropischen Tiere keine Widerstandskräfte besaßen. Wie spanische Conquistadores amerikanische Urbevölkerungen durch Masern ausrotteten, starben Menschenaffen an Infektionen der Atemwege und Kinderlähmung. Allerdings bedeutet die Gegenwart von Forschern erheblichen Schutz vor Wilderei, weshalb viele Gruppen, die unberührt blieben, ohnehin ausgerottet wurden.[11]

Heute gleicht der Wald einer Quarantänestation. Forscher niesen nicht nur keimreduzierend in die Armbeuge, sondern tragen Masken über Mund und Nase. Außerdem ist ein Sicherheitsabstand von sieben Metern einzuhalten. Das gefällt speziell jungen Menschenaffen nicht, die mit dem Anblick von Primatologen aufwuchsen. Denn der Versuchung des Anfassenwollens zu widerstehen, fällt nicht leicht. Da bleibt nichts anderes übrig, als etwaige Anbandelungen durch aggressives Auftreten zu unterbinden – so sehr es einem widerstrebt.

11 Vgl. Julian Caldecott / Vera Miles (Hrsg.): *World Atlas of Great Apes and their Conservation.* Los Angeles: University of California Press 2005.

Auch manche Forscher und deren Mitarbeiter kommen bei ihrer Arbeit ums Leben. Traurige Schlagzeilen machen Ermordungen von Naturschützern. Zum einen werden Jahr für Jahr Parkwächter von Wilderern erschossen. Die müssen selten eine hungrige Familie ernähren, sondern gehören zu organisierten Netzwerken von Naturräubern.[12] Zwei Primatologinnen wurden in ihren Wohnräumen in Afrika mit Macheten getötet: die mit Berggorillas arbeitende Amerikanerin Dian Fossey im Jahre 1985, und 2010 die mit Cross-River-Gorillas arbeitende Engländerin Ymke Warren – lange Jahre meine Studentin und Mitarbeiterin in Nigeria. Beide Morde standen im Zusammenhang mit Artenschutz-Bemühungen. Allerdings ereignen sich wohl in jeder Zunft, ob bei Architekten, Richtern oder Automechanikern, tragische Tode, wenn man 50 Jahre zurückblickt. Insofern tragen Primatologen wohl kein höheres Risiko. Doch gelten ihre Tode als spektakulärer, weil sie sich in der Sphäre der Wildnis ereignen.

Verwaltungsangestellte in Universitäten und Forschungseinrichtungen nehmen solche Vorfälle gleichwohl zum Anlass, um immer kafkaeskere Formulare zu ersinnen, auf denen man Risiken abschätzen soll. Großer Wert wird auf ein nahes Krankenhaus gelegt. Mein englischer Doktorand Andrew Fowler allerdings überlebte die Einlieferung in ein Hospital in Nigeria nur, weil er am nächsten Tag aus ihm floh. Denn in den Nachbarbetten starben Afrikaner wie Fliegen. Auch Fragebögen zur Ethik werden stetig beliebter, wobei Kulturanthropologen davon besonders betroffen sind. Beispielsweise ist ‚Undercover'-Arbeit nicht länger erlaubt. Der Ethologe Irenäus Eibl-Eibesfeldt etwa dokumentierte den Alltag in traditionellen Ethnien mit Hilfe einer Kamera, deren Linse um die Ecke filmte. Denn unwissentlich Abgelichtete verändern ihr Verhalten nicht.[13] Das wäre heutzutage nicht mehr erlaubt. Stattdessen sollen die letzten Jäger und Sammler auf den Philippinen und im Kongo Erklärungen unterschreiben, auf denen sie einwilligen, dass ihre Nahrungsgewohnheiten untersucht werden. Doch weil in diesen Gesellschaften kaum jemand lesekundig ist und weil die Ältesten für Jüngere entscheiden, sind solche Prozeduren oft nicht praktikabel.

12 Vgl. Dale Peterson / Karl Ammann: *Eating Apes*. Los Angeles: University of California Press 2003.

13 Vgl. Irenäus Eibl-Eibesfeldt: *Liebe und Haß. Zur Naturgeschichte elementarer Verhaltensweisen*. München: Piper 1970.

Zudem wird etwa in England verlangt, Daten über individuelle Menschen zu anonymisieren. Primatologen gehen umgekehrt vor – sie geben ihren Studienobjekten Namen, um sie aus der Anonymität zu holen und zu signalisieren, dass auch Affen und Menschenaffen unverwechselbare Charaktere sind. Zudem kann ich weiterhin, ohne Einverständnis suchen zu müssen, in ungebrochenem Voyeurismus bei Gibbons und Schimpansen Daten erheben zu Menstruationsdauer, zur Farbe von Schamlippen in Abhängigkeit vom Zyklusstadium, zur Penis-Morphologie, kann die Beckenstöße bei hetero- und homosexuellen Interaktionen zählen. So kommt es, dass wir über die am intensivsten untersuchte Primatenart – *Homo sapiens* – in mancherlei Hinsicht weniger wissen als über ihre nächsten Verwandten.[14]

Belastbare Daten im weiten Feld der Sexualität fehlen zudem bezüglich potentieller Transzendenzen der Mensch-Tier-Grenze. Es existieren zahlreiche Erzählungen, gerade auch in Herkunftsländern wilder Primaten, über Verpaarungen zwischen Menschen und Menschenaffen.[15] Meist sind sie angesiedelt im Genre „wilder Affe verschleppt Frau in den Wald und tut ihr Gewalt an". Es kursiert zumindest eine belastbare Anekdote, wonach ein männlicher Orang-Utan auf einer Auswilderungsstation einer Köchin im wörtlichen Sinne zunächst „an die Wäsche ging" – und sie dann vergewaltigte.[16] Dass ultimative Fantasien auch in umgekehrter Richtung existieren mögen, weiß ich aus freimütigen Gesprächen. Dabei erzählten mir unabhängig voneinander zwei Primatologinnen, dass die nähere Betrachtung der imposanten Muskelpakete männlicher Menschenaffen sie erregt.

Gleichwohl sind Kulturanthropologen deutlich größeren Versuchungen ausgesetzt, zumal die Möglichkeiten ihrer Umsetzung einfacher sind. Was nicht heißt, dass ein Happy End vorprogrammiert ist. Einer meiner Kollegen am University College London drückte das vor kurzem so aus: „In hindsight, it was a mistake that I married my fieldwork. I clearly misunderstood the concept of participant observation."

14 Vgl. Alan Dixson: *Primate Sexuality*. Oxford: Oxford UP 2013.

15 Vgl. Horst Woldemar Janson: *Apes and Ape Lore in the Middle Ages and the Renaissance*. London: The Warburg Institute 1952.

16 Vgl. Galdikas: *Reflections of Eden*.

Die neuen Wilden

Kulturanthropologen stellen ihr traditionelles Etikett heute oft in Frage. Denn wer von „Kulturen" redet, impliziert eine Menschengruppe, deren Mitglieder einem homogenen Kodex von Werten und Normen folgen. Es drohen mithin die Gefahren von ‚Essentialismus' (der Zuschreibung eines unwandelbaren inneren Wesenskernes) und ‚Reifikation' (des Glaubens, dass Kategorien ‚real' sind). Gerade in einer zunehmend globalisierten Welt sind jedoch Verhaltens- und Interaktionsmuster fluide, auch und gerade über die Grenzen der unmittelbaren Lebensumgebung hinaus. Anthropologen, die Menschen untersuchen, nennen sich deshalb zunehmend, weil neutraler, ‚Sozialanthropologen'.

Naturanthropologen sind von derlei Problematik unbeleckt. So es ist nicht einmal zwanzig Jahre her, dass die Disziplin der ‚kulturellen Zoologie' sich etablierte.[17] Wie einst die Kulturanthropologie basiert sie auf der Idee, dass die Mitglieder derselben Art je nach Wohnort unterschiedliche Lebensgewohnheiten haben können. So benutzen Schimpansen nur in einigen Ländern wie der Elfenbeinküste und in Kamerun Steine zum Aufhämmern von Nüssen, doch nirgendwo sonst. In Ostafrika meiden Schimpansen panisch jeden Kontakt mit Wasser, während sie im Senegal in Teichen planschen. In Nigeria essen Schimpansen fast jeden Tag Ameisen, doch nie eine Termite, während es in Ostafrika umgekehrt ist. Wären solche Unterschiede bei Menschen beobachtet worden, hätte man rasch von höheren und niedrigeren Stufen der Zivilisation geredet oder davon, dass mancherorts ein Glaube an Wassergeister existiert oder spirituelle Nahrungstabus.

Tiere machen sich damit in jenem Vakuum breit, das mit dem Auszug der Kulturanthropologie entstand. Das ist umso mehr so, als Kulturanthropologen etwa an Londoner Universitäten heute mit größerer Wahrscheinlichkeit Lastwagenfahrer in den Docklands und Kindergärtnerinnen in Chelsea befragen als bunt bekleidete Massai in Kenia. Denn es gilt zunehmend als politisch inkorrekt, sein Interesse auf ‚exotische' Menschen zu richten. Das hat mit der Auflösung des kolonialistischen Denkgefüges zu tun, auf dessen Höhepunkt bleichgesichtige Männer aus der Oberschicht einer monotheistischen und

17 Vgl. Volker Sommer / Amy Parish: Living Differences. The Paradigm of Animal Cultures. In: Ulrich Frey / Charlotte Störmer / Kai Willführ (Hrsg.): *Homo Novus – A Human Without Illusions*. Heidelberg: Springer 2010, S. 17–31.

deshalb angeblich überlegenen ‚Zivilisation' ihr Interesse auf ‚Primitive' oder ‚Wilde' richteten, deren Spiritualität als animistisch oder polytheistisch eingeordnet wurde und die auf einer ‚niedrigen' Kultur-‚Stufe' standen. Mit den furchtbaren Kriegen des 20. Jahrhunderts, die ‚zivilisierte' Staaten vom Zaune brachen, und mit zunehmend sichtbarer Umweltzerstörung setzte zwar eine teilweise umgekehrte Wertung ein, welche westlichen Kulturpessimismus mit einem Optimismus hinsichtlich des unverdorbenen Zustandes sogenannter ‚Naturvölker' kontrastierte. Doch einerseits entsprang diese Vorstellung vom ‚edlen Wilden' weithin einem romantischen Wunschdenken,[18] andererseits wurde die Gedankenfigur zumindest unter Anthropologen unpopulär, weil sie andere Menschen ‚exotisierte' und als Projektionsfläche eigener Defizite nutzte.

Derlei aufklärerische Gedanken liegen Naturanthropologen weiterhin fern. Ganz im Gegenteil – da der edle Wilde kein Mensch mehr sein kann, nehmen Tiere zunehmend diesen Platz ein. Populationen wilder Affen und Menschenaffen in Borneo und Malaysia, in Gabun und im Kongo, in Brasilien und Peru ersetzen quasi die Kopfjäger der südostasiatischen Wälder, die Pygmäen des Kongobeckens und giftpfeilbewehrte Jäger im Amazonas. Eines meiner Bücher über nichtmenschliche Primaten mag als Beispiel dienen, trägt es doch den Titel *Unsere wilde Verwandtschaft*.[19]

Die Wildnis war stets ein soziales Konstrukt. Und für viele Bewohner westlicher postindustrieller Staaten ist sie weiterhin eine potente Vision, die den Eskapismus nährt. Als evolutionärer Anthropologe mag man zwar diese Dynamik durchschauen. Paradoxerweise befeuern aber gerade Primatologen weiterhin die Kultur-Natur-Dichotomie, obwohl sich aus ihren Forschungsresultaten genau jene Säure brauen lässt, die diesen Dualismus auflöst. Wenn ich unter einem gigantischen Mahagonibaum sitze, der auf einem erloschenen Vulkan im Grenzgebiet zwischen Kamerun und Nigeria wächst und durch dessen Äste Paviane, Weißnasenmeerkatzen und Schimpansen turnen, ist mir dieser Widerspruch ziemlich egal. Ich fühle mich im ‚Konstrukt Wildnis' einfach gut. Insofern gilt: „Es gibt ein richtiges Leben im Valschen."

18 Vgl. Sommer: Kulturnatur, S. 9–40.

19 Vgl. Volker Sommer: *Die Affen. Unsere wilde Verwandtschaft.* Hamburg: Gruner & Jahr / GEO 1989.

Wohnzimmer als Wildnis – Wildnis als Wohnzimmer

Wie asiatische Marienkäfer die häusliche Ordnung durcheinander bringen können

Mariel Jana Supka

Im Oktober letzten Jahres wurde ich durch den unerwarteten Einzug einer Schar Marienkäfer ins Wohnzimmer meiner Berliner Wohnung überrascht, was mich vor die Frage stellte, wie ich mich angesichts dieses eher ungewöhnlichen Zusammentreffens mit Wildtieren verhalten sollte. Auf den ersten Blick sind Marienkäfer niedliche Zeitgenossen, im Volksmund werden ihnen sogar glücksbringende Eigenschaften nachgesagt. Wenn aber plötzlich mehr als fünfzig Käfer die eigenen vier Wände entlangkrabbeln, bleibt es vor allem für die Käfer zweifelhaft, ob es sich bei der häuslichen Marienkäfer-Mensch-Begegnung um einen Glücksfall handelt, vor allem, wenn es sich bei den Asyl suchenden Tieren nicht um heimische Siebenpunkt-Marienkäfer handelt, sondern um ihre asiatischen Verwandten namens *Harmonia axyridis*. In Berlin hatte im letzten Herbst fast jeder, mit dem ich mehr oder weniger zufällig ins Gespräch über asiatische Marienkäfer kam, vergleichbare Erlebnisse: Horden von ‚wild gewordenen' ausländischen Käfern drangen in Wohnungen ein, auf der Suche nach einem geeigneten Platz für den Winterschlaf. Die Reaktionen meiner Gesprächspartner beschränkten sich auf Feststellungen wie „das sind ja die bösen", „ach die Killer-Käfer", „die verdrängen ‚unsere' deutschen Marienkäfer", „ist ja auch voll eklig", „nervige Viecher", weswegen sie sich schließlich einhellig darum bemühten, die unerwünschten Eindringlinge so schnell wie möglich wieder los zu werden. In den meisten Fällen mit dem Staubsauger.

In einer wissenschaftlichen Abhandlung über asiatische Marienkäfer stellt sich die Frage, was wir von ihnen zu halten haben auf beispielhafte Weise bereits im Titel: Sind sie nützlich oder stören sie?[1]

1 Joseph Kovach / Geneviève Labrie / Eric Lucas / Charles Vincent: The Multicoloured Asian Ladybird Beetle: Benificial or Nuisant Organism? In: Marc S. Goettel / George Lazarotis / Charles Vincent (Hrsg.): *Biological Control: A Global Perspective: Case Studies from around the World.* Wallingford / Oxon: CABI 2007, S. 38–52, hier S. 38.

Die Nützlichkeit von asiatischen Marienkäfern als effiziente Läuse-Vertilger, die weitaus mehr verspeisen können als ihre heimischen Kollegen, ist bekannt, weswegen sie auch in Deutschland als gern gesehene Gastarbeiter in Gewächshäusern zum Einsatz gebracht werden. Die Käfer allerdings, die aus ihren geregelten Arbeitsverhältnissen im ‚Agri-Kulturbetrieb' ausbrechen, werden meistens als störend angesehen. Die Störungen, die sie hervorrufen, betreffen zum einen Übergriffe auf menschliches Eigentum, wenn sie z. B. im Spätherbst in Massen Hauswände besiedeln und versuchen durch Fensterritzen in Wohnungen einzudringen, um sich dort zum Winterschlaf zu versammeln, oder wenn sie sich zum Schutz vor widrigen Witterungsbedingungen auf den Reben in Weinanbaugebieten niederlassen, weswegen, bei der Lese auch der ein oder andere Marienkäfer verarbeitet wird, was zur Minderung der Weinqualität führt. Zum anderen stören sie als nicht-heimische, vom Menschen ‚eingeschleppte' Art die ‚natürliche Ordnung' innerhalb eines Ökosystems.

Die gegensätzlichen Auffassungen über asiatische Marienkäfer weisen indirekt auch auf ein grundlegendes Merkmal in der Klassifizierung gebietsfremder Tierarten hin. Diese werden nur dann als ‚fremd', also störend angesehen, wenn sie, wie es im Englischen heißt ‚in the wild' auftauchen. Solange die Marienkäfer als Schädlingsbekämpfer innerhalb des von Menschen kontrollierten Pflanzenanbaus tätig sind, entziehen sie sich als domestizierte Tiere einer Determinierung als heimisch oder nicht-heimisch. Als wild lebende Tiere asiatischen Ursprungs in freier nicht-asiatischer Natur jedoch gelten sie als ‚Fremdlinge'. Und als solche stören sie, da sie die Wildheit des ursprünglichen Naturzustandes untergraben, indem sie auf den Menschen rückführbare Un- bzw. Umordnungen erzeugen.

Die Unterscheidung zwischen fremden und heimischen Arten wird zunehmend kontrovers diskutiert. Neben der Frage, ob sich die Übertragung von kulturellen Konzepten wie Heimat oder regionaler Zugehörigkeit auf nicht-menschliche Lebewesen wissenschaftlich rechtfertigen lässt,[2] und einer zunehmend kritischen Betrachtung des im Feld der ‚Invasionsbiologie' üblichen militärischen Jargons,[3] ist ein

2 Siehe auch Matthew Chew / Andrew Hamilton: The Rise and Fall of Biotic Nativeness: A Historical Perspective. In: David Richardson (Hrsg.): *Fifty Years of Invasion Ecology: The Legacy of Charles Elton*. Chichester: Wiley-Blackwell 2011, S. 35–47.

3 Siehe auch Brendon Larson: The War of the Roses: Demilitarizing Invasion Biology. In: *Frontiers in Ecology and the Environment* 3,9 (2007), S. 495–500.

weiterer problematischer Aspekt die Unklarheit darüber, was überhaupt unter ‚in the wild' zu verstehen ist.[4] Eine Frage, die auch die Marienkäfer in meinem Wohnzimmer berührt, da ich meine Wohnung spontan nicht zu dem rechnen würde, was man sich gemeinhin unter ‚in the wild' vorstellt.

Gemäß der in Deutschland geltenden Definition, werden unter fremd eingewanderten Tieren, sogenannten ‚Neozoen', Tierarten verstanden, „die nach dem Jahr 1492 unter direkter oder indirekter Mitwirkung des Menschen in ein bestimmtes Gebiet gelangt sind, in dem sie vorher nicht heimisch waren, und die jetzt dort wild leben."[5] Wild leben heißt in diesem Sinne, dass sich die Tiere außerhalb menschlicher Kontrollmechanismen bewegen. Für Marienkäfer in Wohnzimmern bedeutet das wiederum, dass sie mit ihrer eigenmächtigen Wahl des Winterschlafplatzes so lange als ‚wild lebend' kategorisiert werden können, so lange sie unentdeckt sind. In dem Moment, in dem sie von mir als Besitzerin der Wohnung, bemerkt werden, fallen sie unumgänglich unter menschliche Kontrolle. Schließlich unterliegt es mir als Hausherrin zu entscheiden, wen ich als Gast bei mir beherbergen will und wen nicht. Entweder lasse ich sie in meiner Wohnung wohnen und unterziehe sie einer quasi-Domestizierung, indem ich sie stillschweigend zu meinen Haustieren mache, oder ich gebe meinem Unbehagen nach und entferne sie – mit oder ohne Zuhilfenahme des Staubsaugers. Im letzteren Fall stehe ich dann vor der Wahl, sie wieder in ihr wildes Leben zu entlassen oder gänzlich zu entsorgen.

Während wild lebende Tiere an sich kein Problem darstellen und ihnen sogar zunehmend positive Aufmerksamkeit zuteil wird, wird das wilde Leben der tierlichen Migranten vor allem deshalb als problematisch aufgefasst, weil ihre Zuwanderung anthropogen verursacht ist. Wenn also bestimmte Tiere, in unserem Fall Marienkäfer der Gattung *Harmonia axyridis*, als nicht heimisch identifiziert werden, besagt das nichts über irgendwelche artspezifischen Merkmale, wie die Anzahl der Punkte, ihre Farbe, oder besondere Verhaltensweisen,

4 Robert A. Lambert / Ian D. Rotherham: Balancing Species History, Human Culture and Scientific Insight: Introduction and Overview. In: Dies. (Hrsg.): *Invasive and Introduced Plants and Animals. Human Perceptions, Attitudes and Approaches to Management.* New York: Routledge 2013, S. 3–18, hier S. 4.

5 Olaf Geiter / Susanne Homma / Ragnar Kintzelbach: Bestandsaufnahme und Bewertung von Neozoen in Deutschland. In: *Texte*, hrsg. vom Umweltbundesamt. Berlin: Umweltbundesamt 2002, 22/02, S. 14.

sondern es beschreibt das ‚Fehl-am-Platz-Sein' einzelner Individuen dieser bestimmten Art. Ihre Deplatziert-Sein beruht nicht nur darauf, dass sie sich in einem Lebensraum befinden, in welchem sie zuvor nicht anzutreffen waren, sondern und vor allem darauf, dass sie, aufgrund ihrer mit menschlichen Aktivitäten verwobenen Geschichte, nicht mehr als zur Natur gehörend verstanden werden, in der sie sich dennoch ‚illegalerweise' bewegen. Stattdessen sind sie dem Bereich der Kultur zugeordnet, den sie als ‚wild' in der Natur lebende Tiere ebenso kategorisch unterwandern. Die Unterscheidung von fremden und heimischen Arten verweist also nur sekundär auf Fragen ‚tierlichen Ursprungs' und in erster Linie auf ihren Ursprung in bestimmten, auf dichotomen Denkmustern beruhenden Ordnungsschemata, wie der Gegenüberstellung von Natur und Kultur, die allerdings – nicht nur durch die Anwesenheit von ‚fremden' Tieren – zunehmend ins Wanken geraten.

In Folge der zunehmenden Vermischung von Kultur und Natur kommt heutzutage einer Idee von Wildnis als ideeller Ort, wo ‚Natur noch Natur sein kann', immer größere Bedeutung zu. Wenn im Verlauf der abendländischen Geschichte der Vorstellung von Wildnis unterschiedliche und oft auch konträre Auffassungen von Natur zugrunde lagen, die von etwas Bedrohlichem und Schrecklichem bis zu einem Sehnsuchtsort reichten, ist Wildnis heute ein erklärtes Ziel des Naturschutzes. Im Kontext von fremd eingewanderten Arten ist ideengeschichtlich vor allem eine Gegenüberstellung von liberalen und konservativen Auffassungen von Wildnis interessant. Während im Liberalismus Wildnis als unkultivierte Natur negativ konnotiert ist, weswegen die gesellschaftliche Ordnung sich zum Ziel setzt, sie zu kultivieren, also nutzbar zu machen, wird Wildnis aus konservativer Sicht als ein Ort der Ursprünglichkeit und der unverfälschten Naturerfahrung positiv bewertet. Die Einführung asiatischer Marienkäfer als biologische Pflanzenschützer kann also im Sinne des liberalen Gedankens als Akt der Nutzbarmachung von Natur verstanden werden. Aus konservativer Sicht jedoch wird die Wildnis durch die Anwesenheit von asiatischen Käfern in deutschen Ökosystemen gefährdet, da die Käfer als wild lebende ‚Kulturprodukte', die ein vom Menschen unabhängiges Eigenleben entwickelt haben, konkrete Veränderungen in ihrer ‚unnatürlichen' natürlichen Umgebung verursachen. Die Unkontrollierbarkeit und Unberechenbarkeit der Veränderungen, die

sie hervorrufen, verweist schließlich auf einen weiteren Aspekt von Wildnis, der in der Diskussion um Wildnisschutz eher vernachlässigt wird: „Wildnis ist prinzipiell das Unbeherrschbare (das Unkontrollierbare) und damit bedrohlich.“[6] Unterwerfen wir Wildnis der ökologischen Kontrolle, wird sie unweigerlich gezähmt, also unwild.
Da der Schutz von Wildnis der Übereinkunft bedarf, was ein Ökosystem zur Wildnis macht, hat man sich in Europa 2013 auf die folgende Definition geeinigt:

> A wilderness is an area governed by natural processes. It is composed of native habitats and species, and large enough for the effective ecological functioning of natural processes. It is unmodified or only slightly modified and without intrusive or extractive human activity, settlements, infrastructure or visual disturbance.[7]

Diese Definition zielt vor allem auf den ‚Prozessschutz‘ als grundlegendes Element des Wildnisschutzes ab. So sollen natürliche, also nicht vom Menschen beeinflusste Prozessabläufe ermöglicht werden, die wiederum bei einem vom Menschen (möglichst) unbeeinflussten Ausgangszustand ansetzen.
Ein Wildnis-Begriff, der von einem nicht-anthropogen beeinflussten ‚Naturzustand‘ ausgeht, erscheint insbesondere im Zeitalter des Anthropozäns problematisch. Die Anthropozän-These geht davon aus, dass wir uns in einem neuen geologischen Zeitalter befinden, das dadurch charakterisiert ist, dass ökologische Prozesse auf unterschiedlichsten Ebenen durch die Dominanz menschlichen Einwirkens geprägt sind. Das Anthropozän konfrontiert uns demzufolge mit einer ökologischen Realität, die vollkommen neuartig ist. Veränderungen, die als ‚ökologische Neuartigkeiten‘ gelten, zeichnen sich dadurch aus, dass sie „menschengemacht“, „von sehr substantiellem Ausmaß“, „sehr schnell“, „vielgestaltig und oft variabel“, „unbekannt und unvorhersehbar“, „von globaler Dimension und alle Gebiete der

6 Gisela Kangler: Von der schrecklichen Waldwildnis zum bedrohten Waldökosystem – Differenzierung von Wildnisbegriffen in der Geschichte des Bayerischen Waldes. In: Thomas Kirchhoff / Ludwig Trepl (Hrsg.): *Vieldeutige Natur. Landschaft, Wildnis, Ökosystem als kulturgeschichtliche Phänomene.* Bielefeld: Transcript 2009, S. 263–278, hier S. 266.

7 Europäische Kommission: *Guidelines on Wilderness in Natura 2000. Management of Terrestrial Wilderness and Wild Areas within the Natura 2000 Network*. http://ec.europa.eu/environment/nature/natura2000/wilderness/pdf/WildernessGuidelines.pdf (Zugriff am 23.05.2015).

Erde betreffend" sind.[8] Die Schnelligkeit, mit der Veränderungen vonstattengehen, und ihr Ausmaß machen es unmöglich und auch nicht unbedingt wünschenswert, sie wieder rückgängig zu machen, weshalb die Vorstellung eines erhaltenswerten ‚Naturzustandes', selbst wenn die Betonung auf einer natürlichen Prozesshaftigkeit liegt, überholt erscheint: „Nicht-anthropogene Natur wird zur Illusion, und es bleibt nur die Wahl zwischen verschiedenen Zuständen von anthropogener Natur."[9] Die Anthropozän-These impliziert insofern, dass Wildnis, wie sie vom Europäischen Parlament definiert wurde, nicht existiert und folglich auch nicht geschützt werden kann. In Form von ‚ökologischen Neuartigkeiten', zu denen auch fremd eingewanderte Tierarten zählen, werden wir stattdessen mit dem unberechenbaren ‚Anderen', dem ultimativ ‚Fremden' konfrontiert, was wie eine Wildnis aus voraufklärerischen, archaischen Vorstellungswelten anmutet: ein Ort des Chaos und des Schreckens.

Angesichts der Käfer in meiner Wohnung, die mir abverlangen, mich zu ihnen zu verhalten, sind es weniger die Tiere selbst, die mich in ‚Schrecken' versetzen, sondern ihre medialen Repräsentationen, in denen mir diese kleinen Tiere als ökologische Terroristen vorgeführt werden. Schlagzeilen wie „Asiatischer Marienkäfer: Mit Biowaffen gegen heimischen Glücksbringer"[10], „Marienkäfer im pervertierten Kampfeinsatz"[11] oder schlichtweg „Ladybird Bioterrorists"[12], wie es in der britischen Presse heißt, propagieren durchaus eine autorisierte Sichtweise, die sich auf den ehemaligen US Präsidenten George W. Bush zurückführen lässt, der die Verantwortlichkeit für das ‚Management' fremd eingewanderter Arten vom Umweltministerium in das Ministerium für ‚Homeland-Security' transferiert hat, das kurz nach den Terroranschlägen des 11. September eingerichtet wurde[13].

8 Christoph Küffer: Ökologische Neuartigkeit: die Ökologie des Anthropozäns. In: *ZiF-Mitteilungen* 1 (2013), S. 21–30, hier S. 21.

9 Ebd., S. 27.

10 Asiatischer Marienkäfer: Mit Biowaffen gegen heimischen Glücksbringer. http://www.br.de/themen/wissen/marienkaefer-asien-kaefer-100.html (Zugriff am 26.05.2015).

11 Udo Pollmer: Marienkäfer im pervertierten Kampfeinsatz. http://www.deutschlandradiokultur.de/marienkaefer-im-pervertierten-kampfeinsatz.993.de.html?dram:article_id=257298 (Zugriff am 26.05.2015).

12 Ruth Williams: Ladybird Bioterrorists. http://www.the-scientist.com/?articles.view/articleNo/35588/title/Ladybird-Bioterrorists/ (Zugriff am 26.05.2015).

13 Larson: The War of the Roses, S. 498.

Fragwürdig bleibt, ob es sich bei der vor ‚Angriffen' gebietsfremder Tiere zu verteidigenden ‚Heimat' um eine ernsthafte Bedrohung von Nationalstaaten handelt oder nicht vielmehr, wie bereits angedeutet, um die Gefährdung bestehender durch bestimmte Weltbilder und Wertvorstellungen geprägte Ordnungen, wie die strikte Trennung von Natur und Kultur.

Während dem ‚Ende der Natur', das durch die Anthropozän-These besiegelt scheint, meistenteils mit Angst oder resignativer Melancholie begegnet wird, birgt die Anthropozän-These im Gegenzug auch die Möglichkeit einer fundamentalen Neuorientierung in unserem Umgang mit nicht-menschlichem Leben. Angesichts des immensen Ausmaßes an Veränderungen, zu dem kollektives menschliches Handeln geführt hat, kann das Anthopozän als Anstoß dienen, unser menschliches Dasein auf der Erde insbesondere in Beziehung zu unseren nicht-menschlichen Mitbewohnern grundsätzlich zu hinterfragen. Fragen, die sich aus der zunehmenden ‚Verwicklung' von Natur und Kultur ergeben, übersteigen das, *was* und *wie* wir über unsere Mitbewohner *denken*, und betreffen umso mehr das, wie wir mit ihnen *leben*, und vor allem, wie wir besser mit ihnen leben können.

Bezüglich einer zu entwickelnden Praxis des Zusammenlebens, ist es naheliegend, die Metapher des Hauses oder des Haushalts, die der Ökologie als das griechische ‚oikos' innewohnt, näher zu beleuchten. Sie bietet an, Natur nicht aus der emanzipierten Distanz heraus zu betrachten oder als Umwelt, die uns umgibt, sondern uns als Teil einer größeren Lebensgemeinschaft zu verstehen, in der wir die Erde zusammen mit vielen unterschiedlichen anderen Lebewesen bewohnen, was unweigerlich auch das Zusammenleben mit einer Bande von asiatischen Käfern beinhalten kann. In einer Ökologie die sich als „wohnliche Einrichtung der Welt"[14] versteht, muss folglich die Trennung von Natur und Kultur keine Rolle mehr spielen.

Ansatzweise zeichnet sich ein solches Verständnis auch im Umgang mit gebietsfremden Arten ab. Da anthropogen verursachte Veränderungen, wie z. B. der Klimawandel, dazu geführt haben, dass bestimmte Arten in ihrem heimischen Verbreitungsgebiet nicht mehr ‚heimisch' sein können, weil die veränderten ökologischen Bedingungen für sie

14 Niklas Luhmann: *Die Gesellschaft der Gesellschaft.* Frankfurt am Main: Suhrkamp 1997, S. 129.

nicht mehr geeignet sind, werden sie mit Hilfe des Menschen in ein anderes nicht-heimisches Gebiet umgesiedelt. Eine solche Umsiedlung, auch ‚assisted migration' genannt, widerspricht offensichtlich der konventionellen naturschützerischen Herangehensweise, die menschlich hervorgerufene Artenbewegungen grundsätzlich zu verhindern sucht. In bestimmten Ökosystemen ist die Anwesenheit fremder Arten notwendig für deren Bestand, da heimische Arten auf die Gemeinschaft mit Zuzüglern angewiesen sind. Fremde Arten müssen also innerhalb einer ökologischen Lebensgemeinschaft, entgegen der üblichen Annahme, nicht unbedingt zu einem Schaden führen, genauso wie anthropogen beeinflusste Ökosysteme nicht notwendigerweise minderwertig sind.

Betrachtet man die gängige ökologische Praxis, so scheint es bei der ‚wohnlichen Einrichtung' vorrangig darum zu gehen, menschlichen Bedürfnissen zu genügen und die jeweils gängigen ‚geschmacklichen' Ausstattungsstandards umzusetzen, wozu heutzutage eben auch die Einrichtung und der Erhalt von ‚Wildnis-Arealen' gehören, in denen Individuen der Gattung *Harmonia axyridis* als nicht integer gelten. Diese werden hier aber nicht nur zum erklärten ökologischen Problem, sondern im gleichen Zug auch ein ökonomisches, da die ‚Säuberung' der Wildnis mit erheblichen Kosten verbunden ist. Als Wirtschaftsfaktor verspricht Wildnis aber auch Profit, indem sie zum Konsumobjekt für Naturtouristen wird oder Arbeitsplätze in Großschutzgebieten schafft. In der Verzahnung von ökologischen und ökonomischen Aspekten wird offenbar, dass das Interesse, Wildnis zu erhalten, sich weder vorranging darin motiviert ‚Natur Natur sein zu lassen', noch in einem gelungenen Zusammenleben, sondern darin, Natur als die *unsere* zuzurichten. Um *unsere* ‚häusliche Ordnung' zu bewahren, wird dieses Projekt mittels einer auf Kontrolle basierenden anthropozentrischen ‚Haushaltsführung' umgesetzt, die es der Ökologie zur Aufgabe macht, auch die Wildheit der Wildnis zu kontrollieren.

Der Zustand in meinem Wohnzimmer weist hier eine gewisse Analogie auf. Solange ich mich als Hausherrin verstehe, die die alleinige Kontrolle darüber hat, wie es in ihrer Wohnung zugeht, ist es mir unmöglich, mit asiatischen Marienkäfern als das, was sie sind, nämlich wild lebende Tiere, zusammen zu leben. Dieses Problem hat mich schließlich zu der Frage gebracht, ob im Sinne von Wildnis, mit

Betonung auf Unkontrollierbarkeit und Unvorhersehbarkeit, es nicht möglich wäre, meine ‚häusliche Ordnung' durch den überraschenden Einzug der Käfer ein wenig durcheinander bringen zu lassen? Und wäre es vielleicht sogar möglich, selbst Teil von Wildnis zu sein, oder kann mir Wildnis nur in Form des ‚Anderen' begegnen?

So habe ich mich schließlich entschlossen, die mir von den Käfern angetragene temporäre Wohngemeinschaft als Aufgabe zu begreifen und im Gegenzug meine Wohnung kurzerhand zur ‚Wildnis' erklärt. Der so erklärte ‚Wildraum' zeichnet sich dadurch aus, dass ich meinen Alleinanspruch auf Kontrolle der Haushaltsführung aufgegeben habe, um so eine größtmögliche Offenheit für die Entstehung lebendiger Beziehungsstrukturen zu ermöglichen.

Das gemeinsame Zusammenleben hat sich nicht als sonderlich ‚wild' herausgestellt und war eigentlich eher unspektakulär. Nachdem die Käfer Ende Oktober eingezogen waren, habe ich sie noch eine Zeit lang dabei beobachtet, wie sie mein Wohnzimmer inspiziert haben, bis sie schließlich Ende November allesamt in den Ritzen zwischen Fenster und Fensterrahmen verschwunden waren. Dort hatten sie einen Platz zum Schlafen gefunden, mit angemessener Temperatur, nicht zu warm, damit sie nicht frühzeitig aus dem Schlaf erwachen.

Auch wenn meine Erlebnisse mit den Käfern nicht besonders abenteuerlich waren, haben sich dennoch meine Ansichten über asiatische Marienkäfer grundlegend geändert. Vor allem hat sich das Spektrum möglicher Betrachtungsweisen vergrößert, was die Zahl der ursprünglich zur Wahl stehenden Kategorien, die sich auf Nützlichkeit oder Störung bezogen, erheblich erweitert hat. Bei näherer Begutachtung der als ‚Störung' empfundenen Präsenz der Käfer, hat sich gezeigt, dass ihr Stören sich auf meine Vorstellung bezog, dass ich diejenige bin, die kontrolliert, wer sich in meiner Wohnung aufhält und wer nicht. Ansonsten kann ich nicht bestätigen, dass die Anwesenheit von Marienkäfern stört, selbst dann nicht, wenn sie asiatischen Ursprungs sind: sie machen keinen Lärm, sie beißen nicht, genauso wenig wie sie die Einrichtung beschädigen oder meine Vorräte dezimieren. Ähnlich den heimischen Marienkäfern sind sie stattdessen vor allem niedlich, mit ihren farbigen, mit Punkten versehenen Flügeln. Die Wahrnehmung der Käfer als einzelne Individuen hat schließlich dazu geführt, dass ich Marienkäfer nicht mehr nur noch als ‚die roten Käfer mit den schwarzen Punkten' erkenne, sondern unterscheide zwischen roten

Käfern mit unterschiedlich vielen schwarzen Punkten, schwarzen Käfern mit roten Punkten oder orangenen Käfern ohne Punkte. Obwohl die Käfer nicht gestört haben, hat unsere Wohngemeinschaft dennoch zu Interessenskonflikten geführt. Zum einen hat mir die Wahl ihres Schlafplatzes Schwierigkeiten bereitet, die Fenster zu öffnen und zu schließen, ohne dabei das Risiko einzugehen, die Käfer zu zerquetschen. Zum anderen ist an kalten Wintertagen, wenn ich die Heizung zu hoch eingestellt hatte, der eine oder andere Käfer aufgewacht, wohl in der Annahme, dass nun die warme Jahreszeit beginnen würde. Da sich bei mir im Laufe der Zeit eine zunehmende Sorge um das Wohlergehen meiner Mitbewohner eingestellt hat, habe ich nach Strategien gesucht, die entstandenen Konflikte im Sinne beider ‚Parteien' zu lösen. Während sich die Temperaturfrage ziemlich einfach mithilfe einer Wärmflasche und eines Pullovers lösen ließ, fand sich keine einfache Lösung, die mir das Fensteröffnen ermöglicht hätte. Für diesen Winter habe ich es weitestgehend unterlassen, das Wohnzimmerfenster zu öffnen und stattdessen die Frischluftzufuhr über andere Fenster geregelt. Für den nächsten Winter jedoch, habe ich versuchsweise eine Box gebaut und am Fenster angebracht, die als Einladung für Käfer konzipiert ist, dort im nächsten Jahr einzuziehen (Abb. 1).

Mein Versuch, das Zusammenleben mit asiatischen Marienkäfern in meinem Wohnzimmer als Potential von Wildnis zu begreifen, das sich auch auf andere Lebensräume übertragen lässt, erscheint auf den ersten Blick vielleicht zu simpel. Dennoch lassen sich Parallelen ziehen, die auf Probleme verweisen, die sich aus dem Umgang mit Bewohnern von Ökosystemen ergeben, denen wir das Prädikat Wildnis verleihen. Eine Wildnis als nicht anthropogen beeinflusster Naturraum, der es Wert ist, erhalten zu werden, scheint auf den ersten Blick in einer weniger anthropozentrischen Perspektive zu wurzeln. Als kulturelles Konzept allerdings spiegelt eine solche Vorstellung vor allem das menschliche Bedürfnis wider, eine Vorstellung von Natur, die sich gegen alles vom Menschen hervorgebrachte abgrenzen lässt, aufrechtzuerhalten. Anstatt weiterhin ‚häusliche Ordnungen' zu produzieren, in denen Natur und Kultur säuberlich voneinander getrennt werden, scheint es sinnvoll zu sein, Unruhestiftungen, wie wir sie in der Anwesenheit von asiatischen Käfern erleben, die sich einer solchen Kategorisierung widersetzen, ernst zu nehmen. ‚Wildnis als

Abb. 1: Suggestion Box.

Wohnzimmer' könnte insofern bedeuten, Wildnis als einen Raum zu begreifen, der sich aus dem Zusammenwohnen entwickelt, wo die Pflege ‚lebendiger' Beziehungen kultiviert wird, die es uns ermöglicht, nicht-menschliche Mitbewohner jenseits aller Kategorien von Nützlichkeit in ihrer jeweilig wilden Eigenart wahrzunehmen und ihnen mit Respekt zu begegnen.

Wenn wir uns in der Wildnis einen Ort der ‚unverfälschten' Naturerfahrungen ersehnen, dann braucht man nicht an die entlegensten Winkel der Welt zu reisen, um dort den Blick auf einen Löwen oder ein Erdmännchen zu erhaschen. Schenkt man dem Leben, das im eigenen Wohnzimmer stattfindet, genügend Aufmerksamkeit, kann man auch dort ‚Natur', vielleicht sogar auf intimere Weise, erfahren: Mitzuerleben, wie asiatische Marienkäfer bei den ersten Frühlingssonnenstrahlen aus dem Schlaf erwachen, erst langsam torkeln, nach und nach ihre Flügel strecken, um dann in das Blaue des neuen Jahres zu starten, das in der Weite des ehemaligen Tempelhofer Flugfeldes vor ihnen liegt, liefert für mich das beste Beispiel.

GIER

Fotografien von Loredana Nemes

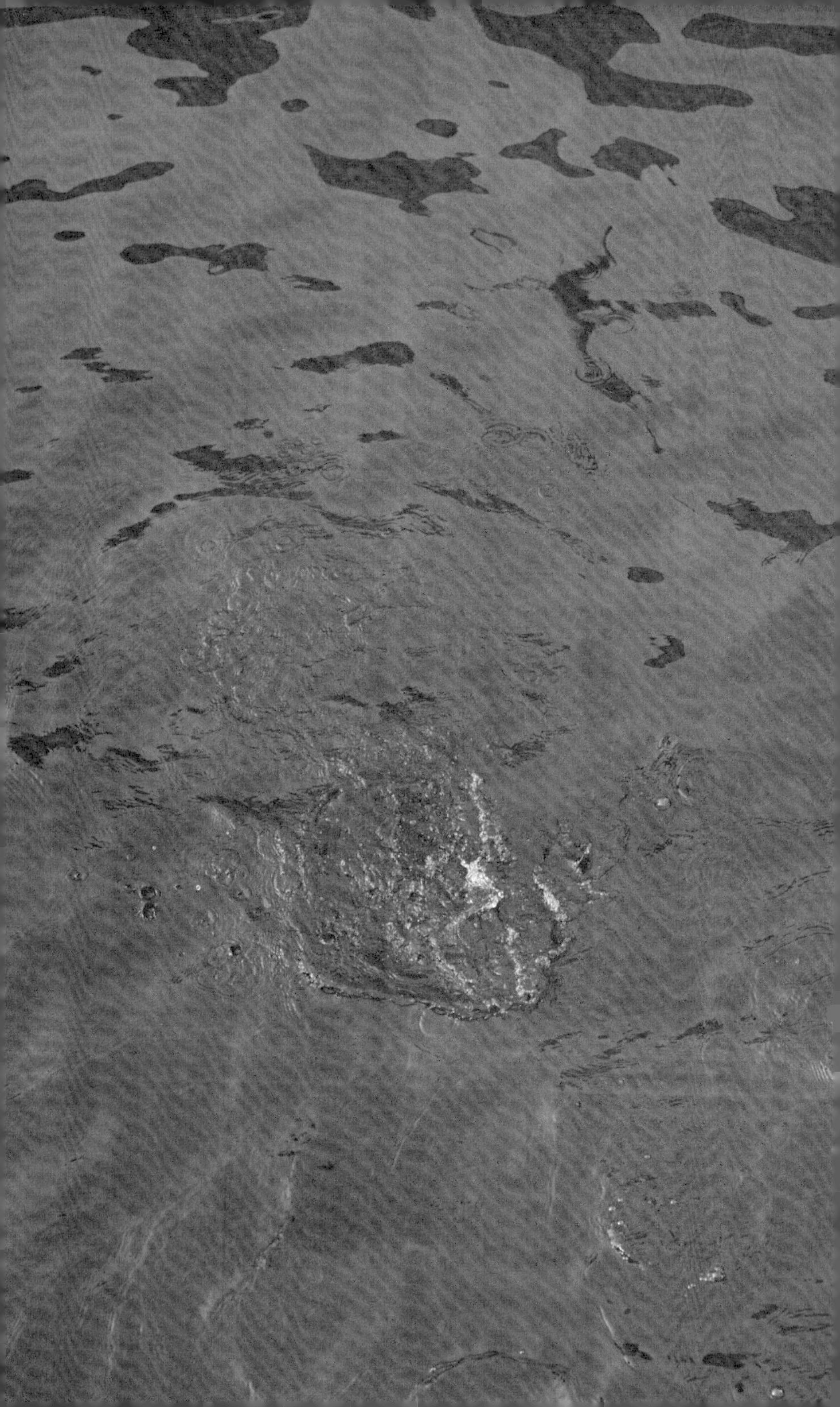

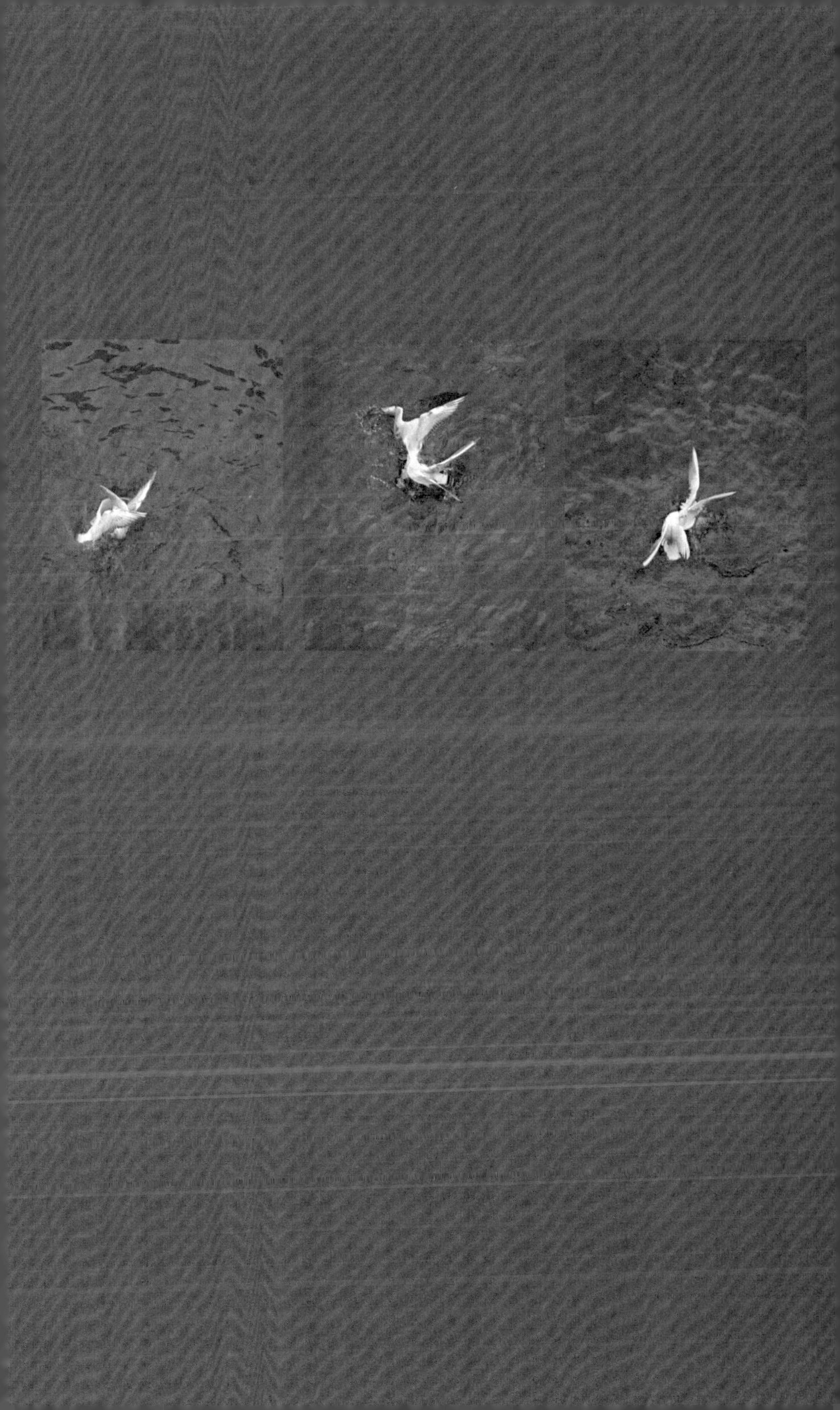

Nicole Schuck

Zeittiere
(2011–2014)

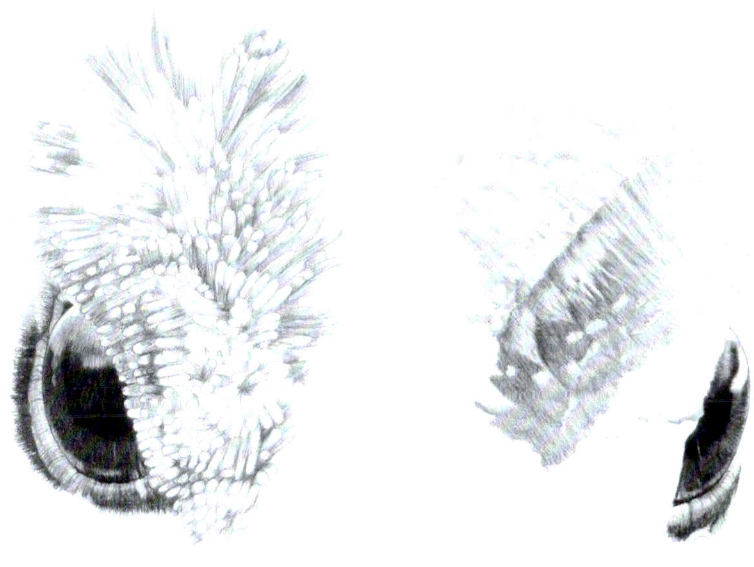

Kurt Wilhelm Hofmann

Geweihe aus dem Zyklus „Memento Mori"
(2014)

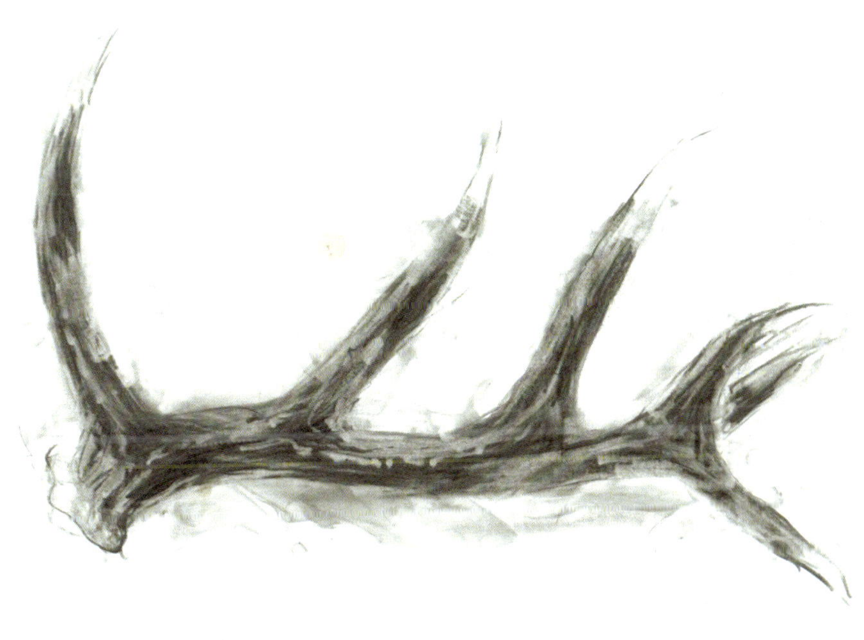

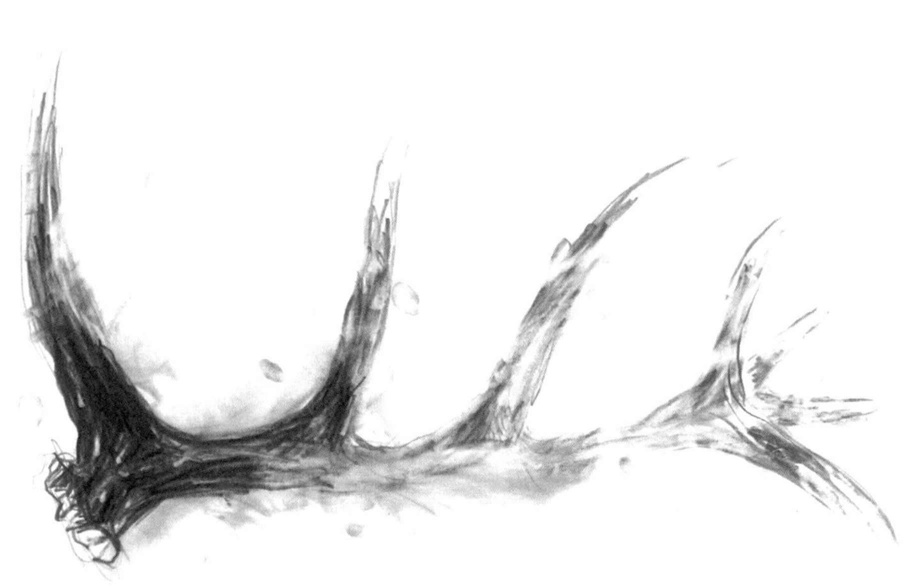

Rezensionen

Die Mensch-Tier-Grenze in der Frühen Neuzeit

Pia F. Cuneo (Hrsg.): *Animals and Early Modern Identity*.
Rezensiert von Daniel Lau

Die cartesische Weltsicht des 17. Jahrhunderts geht davon aus, dass „Tiere“ ohne Vernunft und seelenlos sind und dass sie für die Nutzung durch den Menschen geschaffen worden seien. Doch gibt es auch Gegenstimmen, die das Quälen nichtmenschlicher Tiere verurteilen und Pflichten des Menschen gegenüber den anderen Tieren geltend machen wollen.[1] In diesem Spannungsfeld agiert der von Pia Cuneo herausgegebene und mit einer Einleitung versehene 16 Aufsätze umfassende Band, der sich der Frage widmet, wie „Tiere“ auf die Humangesellschaft der frühen Neuzeit identitätsstiftend wirkten. Dabei liegt der Fokus der Betrachtungen auf der Mensch-Tier-Grenze. Die Beiträge folgen dem Identitätsbegriff nach Jacques Lacan, der Identität als instabil, flüchtig und prekär betrachtet, die daher immer wieder reaktualisiert und neu verhandelt werden muss.

Die Beiträge sind in drei Teile organisiert, die verschiedene Zustände einer fluktuierenden Mensch-Tier-Grenze behandeln: Im ersten Teil wird diese Grenze klar abgesteckt, um Identität zu konstruieren und Klassen voneinander abzugrenzen. Der erste Aufsatz behandelt Bilder von Hunden und Schweinen, die von der Elite auf die Ess- und Trinkgewohnheiten der niederen Stände übertragen werden, mit dem Ziel das sittliche Benehmen der Bürger zu steuern. Der zweite Beitrag beschäftigt sich mit der Konstruktion der Adelsschicht durch das Sammeln von Tieren und Tierbildern. Der dritte Text untersucht, inwiefern die Tierdarstellungen im Labyrinth Louis XVI in Versailles einen Gegenentwurf zur königlichen Ordnung darstellen und damit zugleich die Macht des Herrschers über die Natur hervorheben. Die drei folgenden Artikel fokussieren auf die Konstruktion der Elite durch das Pferd: Das Ausrichten von Pferderennen, Pferdezucht und der Umgang mit dem Pferd als Statussymbol.

Im zweiten Teil zeigen die Beiträge, wie durch das Verschieben der Mensch-Tier-Grenze Identitäten ebenfalls fluktuieren können. Die nächsten beiden Artikel rücken ebenfalls das Pferd in den Mittelpunkt der Betrachtung und zeigen, wie die Einbeziehung des Pferdes Auswirkungen auf den menschlichen Alltag oder das Kriegsgeschehen haben konnte. Der neunte Artikel untersucht Shakespeares Richard III., dessen Identität sich mit einem Keiler vergleichen lässt und der als Grenzgänger das alte England zugleich in eine modernisierte Monarchie führt. Der zehnte Beitrag widmet sich, ausgehend

1 Siehe dazu Renate Brucker, Die Idee der Tierrechte. In: Leo. Tolstoi / Clara Wichmann / Elisée Reclus et al.: *Das Schlachten beenden!* Heidelberg: Graswurzelrevolution 2010, S. 17–31.

vom liturgischen *Geese Book*, der Frage nach dem Status der „Tiere" in der Frühen Neuzeit. Der 11. Aufsatz führt nach Südafrika und zeigt, wie die niederländischen Siedler über den Handel mit domestizierten Tieren mit den Indigenas in Kontakt kamen.

Der dritte Teil diskutiert, wie die Speziesgrenze durchdrungen werden konnte. Der 12. Artikel zeigt beispielsweise auf, dass die Klassen-Identitäten in Spanien nicht festlegten, wie das Verhältnis zu nichtmenschlichen Tieren zu regeln war, sondern dass auch individuelle Einstellungen gegenüber „Tieren" möglich waren. Der nächste Artikel demonstriert, wie das Sammeln exotischer Tiere einen Einfluss darauf haben konnte, die eigene Identität zu überdenken. Der 14. Beitrag behandelt zwei monströse Mensch-Tier-Hybriden, die an sich bereits die Speziesgrenze transzendieren. Eine unfixierte, fließhafte Identität wird auch den Fischen zugeschrieben, die im folgenden Aufsatz thematisiert werden. Der letzte Beitrag parallelisiert die Erziehung und das Training von Mensch und Pferd in Italien.

Der Sammelband demonstriert, dass die Mensch-Tier-Grenze in der Frühen Neuzeit nicht als starre und unverhandelbare Demarkationslinie gedacht war, sondern dass sie in Abhängigkeit von Perspektive, Klasse und persönlicher Einstellung bestand und nicht nur verschoben, sondern auch durchdrungen werden konnte. Diese unterschiedlich gedachte Speziesgrenze diente der Konstruktion sozialer Identität.

Pia F. Cuneo (Hrsg.): *Animals and Early Modern Identity.*
Ashgate. Farnham / Burlington, September 2014, 426 S., 61 s/w Abb.
Hardcover 67,50 £ (ISBN 978-1-4094-5743-5).

Das Hinüberreichen ins Andere

Michael Schetsche (Hrsg.): *Interspezies-Kommunikation*
Rezensiert von Susanne Karr

Die verbindungsstiftende Thematik für die Publikation entsteht aus der Untersuchung kommunikativer Prozesse zwischen „humanen" mit „nonhumanen Akteuren", wobei die Offenheit dieser Bezeichnung programmatisch aufgefaßt werden kann.

Der erste Beitrag von Michael Schetsche, René Gründer, Gerhard Mayer und Ina Schmidt-Knittel widmet sich in seinen Überlegungen zu einer transhumanen Handlungstheorie dem „maximal" bzw. „schlechthin" Fremden. Die AutorInnen arbeiten mit einem für die Untersuchung entwickelten Stufensystem: über den sozial Fremden, der als Angehöriger eines „humanen" Bereiches noch Subjektstatus genießt, über den ebenfalls noch menschlichen

„kulturell Fremden". Hier wird die Grenze beobachtet zum „maximal Fremden" und das Feld des „nonhumanen" betreten, dem ein Subjektstatus nur noch unterstellt werden kann. Der Kommunikationsmöglichkeit gänzlich entrückt scheint das „schlechthin Fremde", es wird nicht als Subjekt und Akteur wahrnehmbar. Die anthropozentrische Hypothesenbildung zum emotionalen Innenleben floriert gerade in Bezug auf „hochentwickelte Säugetiere". Ein Schritt zurück empfiehlt sich hier zugunsten einer Anerkennung eines eigenständigen Subjektes, das eben gerade nicht von außen – von einer quasi höherstehenden Entwicklungsstufe – durchschaubar und transparent ist.

Der zweite Artikel beschreibt die Interaktion von Menschen und Pferden im Vergleich zu Wölfen und Hunden. Marion Mangelsdorf verbindet Soziologie und vergleichende Verhaltensforschung. Bewegung und körperliche Präsenz werden hier zu maßgeblichen Kategorien. Die Autorin geht selbstverständlich vom Vorhandensein einer komplexen psychischen Verfaßtheit aus, die sich auch historisch – aus der Lebensgeschichte des Pferdes – verstehen läßt. In die ganz andere Kommunikation zwischen Caniden und Menschen verweisen bereits deren physiognomischen Voraussetzungen – durch die enge Augenstellung bei Menschen und Hunden wird eine direkte Fixierung des Gegenübers möglich und ein frontales Aktionsfeld eröffnet – im Gegensatz zu den seitlich liegenden Augen des Pferdes, die einen Panoramablick und räumlich-laterale Wahrnehmung eröffnen.

In der folgenden Analyse untersucht Karsten Brensing die Interaktionen zwischen Menschen, Delphinen und Walen. Er fordert einen erweiterten Kommunikationsbegriff, der Akteure mit kognitiven Eigenschaften als Subjekte gelten läßt – und somit als gleichberechtigte Partner im Signalaustausch. Die Loslösung des Begriffes von „Person", meist an die menschliche Art gebunden, könnte dieses anthropozentrische Diktat auflösen. Wenn das kommunikative Gegenüber ein ernstzunehmender Kommunikationspartner sein soll, wird das Zugeständnis, es mit einem Subjekt zu tun zu haben, unabdingbar sein.

Frank Hegel untersucht die Bedeutung von Körper und Form bei der Interaktion mit sozialen Robotern. So sehr auch das Bild von der baldigen Delegationsmöglichkeit lästiger Haushaltsarbeiten bis hin zu einfachen Kommunikationssituationen medial immer wieder präsentiert wird – es zeigt sich, dass hochkomplexe algorithmische Steuersysteme für die Verarbeitung vonnöten sind. Technisch sind diese Anwendungen derzeit nur unter größtem Aufwand zu realisieren.

Der folgende Beitrag von Martin Engelbrecht befaßt sich mit der Kommunikation mit Aliens, zunächst aber mit der Konstruktion derselben. Wie soll Fremdes nachvollziehbar sein, wenn schon das Verständnis für existentielle Erfahrungen unter anderen kulturellen – terrestrischen – Bedingungen sich so schwierig gestaltet? Auch im abschließenden Text von Andreas Anton und Michael Schetsche wird über anthropozentrische Fallstricke beim Nachdenken über Kommunikation diskutiert.

Alles in allem bietet der Band einen bunt gemischten Überblick über Kommunikationsformen mit non-humanen Akteuren, wobei eine klarere Differenzierung von natürlichen Intelligenzen aus dem Tierreich und künstlichen Intelligenzen wie sozialen Robotern präziser auf die lebendige Struktur von subjektiven Interaktionen deuten würde. Letztlich verweisen alle Texte auf die grundlegende Fähigkeit von Kommunikation, unerwartete Resonanzen im eigenen Inneren zu erwecken.

Michael Schetsche (Hrsg.): *Interspezies-Kommunikation.*
Logos. Berlin, November 2014, 156 S., Fotos und Tabellen zu zwei Beiträgen.
Paperback 23 € (ISBN 978-3-8325-3830-9).

Hautnah und doch so fremd

Ann C. Colley: *Wild Animal Skins in Victorian Britain: Zoos, Collections, Portraits, and Maps.*
Rezensiert von Eva Hoffmann

Zuerst posiert eine Gruppe Schulkinder neben präparierten Tierkörpern zum gemeinsamen Familienfoto, dann räkelt sich eine nackte Frau auf dem mit Bärenfell dekorierten Marmor eines Römischen Bades in Sir Lawrence Alma-Tademas Gemälde *In the Tepidarium*: Ann C. Colleys Studie *Wild Animal Skins in Victorian Britain: Zoos, Collections, Portraits, and Maps* zeigt die Vorliebe des viktorianischen Zeitalters für nackte Haut und wildlebende Tiere auf eindrucksvolle Weise und mit reichlich Bildmaterial versehen. Dass es ihr dabei um einen komplexeren Zusammenhang von kolonialem Herrschaftsanspruch, dessen Logik gemäß sich die imperiale Machtbehauptung über Domestizierung und Zurschaustellung der Haut jenseits lebender Tiere vollzieht, und der klassenübergreifenden Faszination der britischen Öffentlichkeit mit Zoos, Taxidermie und der Ausstellung gemeinsamer Portraits von Mensch und (totem) Tier gehen wird, stellt die Autorin bereits zu Beginn klar:

> There is, instead, an attempt to qualify oft-repeated truths concerning the assertion of imperial authority through exhibits of specimens from distant parts of the empire. This study, for instance, points out that this desired control was more often than not unavailable, or at best frustrated, and that the gathering, arranging, transporting, and labeling of skins from foreign territories, were […] instead emblematic of the messiness of empire. (4)

In den fünf folgenden Kapiteln lotet Colley das vermeintliche Chaos der britischen Großmacht in der zweiten Hälfte des imperialen Jahrhunderts von verschiedenen Perspektiven und mit unterschiedlichem Fokus aus und macht dabei immer wieder auf die Sonderstellung aufmerksam, die ihrer These zufolge spezifisch der Haut nicht nur wildlebender Tiere, sondern auch viktorianischer Zeitgenossen im Diskurs der (Zu-)Ordnung zugeschrieben wird. Als Metonymie des ontologischen Seins, so Colleys These, ist Haut zugleich identitätsformend und -stiftend. Sie dient zur Orientierung in einer zunehmend komplexen Welt und ermöglicht die Begegnung und den Kontakt mit dem Anderen, Fremden. Dabei bietet menschliche Haut, die laut Colley im viktorianischen Zeitalter als „seat of perception" neu entdeckt wird, jedoch auch die Gelegenheit zum Brückenschlag zur eigenen (imaginierten) „wilderness".

Dass sich die Machtbehauptung des Britischen Weltreichs genau aufgrund des kolonialen Chaos, das Colley zufolge von Anfang an das imperialistische Unterfangen begleitet und unterschwellig bedroht, immer wieder neu anhand unterschiedlicher Repräsentationsmodi von Haut vollzieht, belegt die Autorin nicht nur an dem emporschnellenden Interesse an Taxidermie, Tierportraits und der Kommerzialisierung von Haushaltsgegenständen auf Tierhautbasis in der viktorianischen Gesellschaft. Auch die Karikaturen Edward Lears, die spielerisch die koloniale Blickrichtung vertauschen und damit genau jenes Machtgefüge ins Wanken zu bringen vermögen, machen u.a. die Rolle der Repräsentation und Fetischisierung wildlebender Tiere und deren Häute in der imperialistischen Maschinerie des Britischen Weltreichs evident. Besonders gelungen wirken daher die detaillierten und sorgfältig recherchierten Fallbeispiele aus den unterschiedlichen Diskursen von Literatur zur bildenden Kunst und Kartographie, die Colley heranzieht, um zu belegen, dass Haut letztendlich auch immer als Text zu verstehen ist, in den sich die jeweiligen Machtgefüge einschreiben lassen und durch den das Selbstverständnis des viktorianischen Kulturmenschen beständig verbrieft werden soll. Hier würde man sich mitunter eine etwas kritischere Auseinandersetzung wünschen, die besonders auf den Zusammenhang zwischen der kulturellen Symbolik des Tierhaut-Diskurses und der des Menschen im kolonialen Kontext eingeht. Ann C. Colley ist es jedoch gelungen, die Faszination von Haut im viktorianischen Zeitalter auf eine Weise nachzuzeichnen, die Rückschlüsse jenseits ihrer historischen Spezifität zulässt, indem sie zeigt, dass sich die Verortung des Menschen immer wieder über die Nähe und Distanz zum Tier vollzieht.

Ann C. Colley: *Wild Animal Skins in Victorian Britain: Zoos, Collections, Portraits, and Maps.*
Ashgate. Burlington, Dezember 2014, 212 S.
Hardcover 98,90 Euro (ISBN 978-1-47242-7786).

Tiere der Gesellschaft – (k)eine Einführung

Renate Brucker / Melanie Bujok / Birgit Mütherich / Martin Seeliger / Frank Thieme (Hrsg.): *Das Tier-Mensch-Verhältnis. Eine sozialwissenschaftliche Einführung.*
Rezensiert von Mieke Roscher

Dass das Thema Tiere bzw. Tier-Mensch-Verhältnis mittlerweile den wissenschaftlichen Mainstream erreicht hat, zeigen die zahllosen Einführungen, Handbücher, Lexika, die in den Sozial-, Kultur- und Geisteswissenschaften erscheinen. Nachdem dieser Animal Turn sich in den letzten Jahren vor allem in der Publikation interdisziplinärer Sammelbände dargestellt hat, zeichnet sich nun zunehmend eine Rückbesinnung auf die Disziplinen ab. Dies ist insofern zu begrüßen, als dass damit die Tauglichkeit und der Gewinn der Human-Animal Studies einem Fachpublikum dargelegt werden kann. Das Tier-Mensch-Verhältnis reiht sich in diese wichtige Bewegung disziplinärer Rückbindungen ein.
Der Band umfasst zehn Aufsätze sehr unterschiedlicher Länge und Perspektive. Ersteres ist insofern zu problematisieren, als dass zwei Aufsätze das Maß der in Sammelbänden üblichen Länge bei weitem sprengen. So steuert Melanie Bujok einen 80-seitigen Beitrag zum Tierkapital und Klassenbegriff bzw. zur Ungleichheit der Handlungssubjekte bei, dem es gut getan hätte, entweder radikal eingekürzt, in zwei Aufsätze aufgebrochen oder aber zu einer Monografie ausgeweitet zu werden. Die thematischen Zugänge der Beiträge artikulieren sich vor allem in der Auseinandersetzung mit den Konzepten von Ambivalenz und Differenz – also der Konstruktion des ganz Anderen – sowie der Pejorationsdiskurse und Repräsentation. Zudem wird auf Ungleichheit, Exklusion, Kommunikation, Du-Evidenz und humanimale Beziehungen rekurriert, ebenso auf die gesellschaftlichen Auswirkungen der Kapitalisierung der Tierzucht und -nutzung. Auch auf den Zusammenhang von menschlicher Gewalt gegen Tiere und intrahumaner Gewalt, die Tierschutzbewegung und Haustierhaltung wird eingegangen.
Der Untertitel des Bandes ist dabei hingegen irreführend: Eine sozialwissenschaftliche Einführung ist er aus zweierlei Gründen nämlich (leider) nicht: Zum einen sind die Aufsätze nicht wirklich auf einem aktuellen Stand, so dass der Band eher das Format einer Anthologie spiegelt. Sowohl der gleichwohl lesenswerte Beitrag von Birgit Mütherich (Stand 2003) als auch der Beitrag von Michael Fischer (Stand 2001) können noch gar nicht die Wirkungen des Animal Turns auf die sozialwissenschaftliche Theoriebildung rezipieren. Dies trifft in gewissem Maße auch auf die beiden Aufsätze von Arnold Arluke / Clifton Sander / Patricia Morris und von Barbara Noske zu, bei denen es sich um Abwandlungen bereits auf Englisch erschienener Texte handelt. Zum zweiten fehlt auch das genuin Sozialwissenschaftliche.

Zwar durchmisst die Einleitung recht überzeugend das soziologische Spannungsfeld, dem die Arbeiten folgen. Von Karl Marx über Max Weber, die Frankfurter Schule und Niklas Luhmann wird hier der theoretische Spannungsbogen aufgezogen. Die sonst so tonangebende französische Soziologie wird jedoch nur mit Pierre Bourdieu bedient, mit dem in Bujoks Text u. a. das kulturelle und ökonomische Tierkapital untersucht wird. Die vehemente Debatte etwa um den Akteursstatus von Tieren, der auch und gerade in den breiteren Sozialwissenschaften geführt wird, findet hier keine Berücksichtigung. Auch muss man kein_e Freund_in der latourschen Akteurs-Netzwerk-Theorie sein – dieses für die Human-Animal Studies insgesamt so relevante Konzept zu vernachlässigen bzw. in aller Kürze abzutun, scheint hingegen genauso prekär wie die Politikwissenschaften insgesamt außen vor zu lassen.

Zusammengefasst handelt es hier um eine Auswahl alter und neuer – teilweise sehr lesenswerter – Arbeiten zum Thema einer sozialwissenschaftlich bzw. vorwiegend soziologisch gewendeten Analyse des Verhältnisses vom Menschen zum Tier. An dem vielleicht etwas groß formuliertem Versprechen, das

> komplexe Mensch-Tier-Verhältnis mit Hilfe des Theorieangebots von Soziologie, Sozialpsychologie, Anthropologie, Politikwissenschaft, Wirtschaftswissenschaft, Erziehungswissenschaft sowie der Sozial- und Wirtschaftsgeschichte (15)

aufarbeiten zu wollen, scheitert dieser Band jedoch.

Renate Brucker / Melanie Bujok / Birgit Mütherich / Martin Seeliger / Frank Thieme (Hrsg.): *Das Tier-Mensch-Verhältnis. Eine sozialwissenschaftliche Einführung*. Springer VS. Wiesbaden, November 2015, 360 S.
Paperback € 39,95 (ISBN 978-3-531-16916-3).

Interspecies Performance zwischen Literatur und Theater, Ethik und Ästhetik

Una Chaudhuri / Holly Hughes (Hrsg.): *Animals Acts. Performing Species Today*.
Rezensiert von Maximilian Haas

Act hat bekanntlich (mindestens) zwei Bedeutungen: Es bezeichnet zum einen eine Tat und zum anderen einen theatralen Aufzug. Dies benennt die grundlegende Spannung des von Una Chaudhuri und Holly Hughes herausgegebenen Buches. Es versammelt elf Stücke nordamerikanischer Theatermacher_innen, jeweils kommentiert von namhaften Vertreter_innen des nordamerikanischen Animal Studies-Diskurses.

Programmatisch konzentriert sich die Auswahl (bei einer Ausnahme) auf Theaterstücke, in denen Tiere auf verschiedenste Arten fiktiv, nicht aber körperlich auf der Bühne präsent sind. Es geht hier also um die „*literalization*" (5) von Tieren im Theater. Diese Einschränkung ist vor dem Hintergrund der großen wissenschaftlichen Aufmerksamkeit, die lebendigen Tieren in Performances jüngst zugekommen ist, durchaus einleuchtend. Doch stellt sich die Frage, inwieweit der Band damit seinem Anspruch, von „inter-species performance" (5) zu handeln, gerecht wird. Die Verwendung des viel versprechenden Adjektivs wird mit dem „keen interest in the lives and meanings of other animals" begründet sowie mit ihrem „commitment to letting the experience of those lives mold and deepen and change the ways we understand our own – human-animal – lives." (6) Die angesprochene Veränderung des menschlichen Selbstverständnisses bezieht sich leider allzu oft auf ethische Positionen, die das *Gros* der Autor_innen gleichlautend bekennen: auf einen „change" also, der als beschlossene Sache vorausgesetzt wird.

Auffällig oft gestaltet sich die Beziehung Text-Tier nach zwei alternativen Mustern: 1. persönlich/biografisch und 2. metaphorisch/fabel-haft. Für das erste Muster können die Theatertexte von Holly Hughes und Kim Marra genannt werden. Der erste erzählt die *Tier-Biografie* der Mitherausgeberin des Bandes: Welche Tiere sie als Kind faszinierten; das Tier-Verhältnis der Familie und des sozialen Milieus; wie sie schließlich nach *dogland* und zum Agility-Sport kam und welche Codes dort herrschen. Der Bericht endet mit einer spekulativen Anthropologie der Mensch-Hund-Beziehung. Marra verfährt ähnlich, aber mit Blick auf die Geschichte ihrer Familie, die der amerikanischen *upper class* angehört und seit Generationen von Pferde-Zucht und -Sport geprägt ist. Auch die beiden Kommentare, von Donna Haraway und Jane C. Desmond, verbleiben weitgehend im Register des Persönlichen. Dies verdichtet sich in starken Momenten zu einer Art Auto-Ethnologie der U.S.-akademischen Tier-Szene. In den Theaterfabeln, z. B. von Carmelita Tropicana und Kestutis Nakas, fungieren die Tiere, die von den Darsteller_innen teils verkörpert, teils benannt werden, als Metaphern für sozio-politische Konflikte in den Vereinigten Staaten. Als Figurationen des Minoritären bestimmen hier Insekten die Szene, nicht die bürgerlichen Haustiere. Die theoretischen Kommentare konzentrieren sich auf die Explikation der Anspielungen. Auffällig umfassend deckt die Textauswahl die ethisch relevanten Probleme von *Race*, *Class* und *Gender* ab.

Besonders hervorzuheben ist der beeindruckende Theatertext *Monkey* von Deke Weaver mit seinem kongenialen, weil philosophisch assoziativen Kommentar von Cary Wolfe. Der stark szenisch verfasste Text beginnt mit einer Bestandsaufnahme des wissenschaftlichen und populären Affen-Wissens der Zeit. Wie Weavers Lebensprojekt eines theatralen Bestiariums ist diese

Darstellung ausdrücklich *unreliable*. Jenseits von Natur und Kultur, Mythos und Zukunft, *Science* und *Fiction* verliert der Text seinen Gegenstand an das Unerwartbare und bestätigt damit Steve Baker, der kürzlich zu diesem überraschenden Schluss kam: „animals seem to participate in their representation by getting in their own way. And the artist's responsibility is therefore to get them out of their own way."[1] Das wäre eine Definition von *interspecies performance*, die weder die Beziehung noch die Partner, die sie verbindet, als gegeben voraussetzt.

Una Chaudhuri / Holly Hughes (Hrsg.): *Animals Acts. Performing Species Today.* The University of Michigan Press. Ann Arbor, Februar 2014, 246 S. Paperback € 34,44 (ISBN 978-0-472-05199-1).

1 Vgl. Steve Bakers Vortrag „The Contemporary Animal" auf der Konferenz *Portraying Animals* am 15. Juni 2015 in der Prager Nationalgalerie.

Tierbefreiung und Religion – zwei unvereinbare Standpunkte?

Kim Socha: *Animal Liberation and Atheism. Dismantling the Procrustean Bed.*
Rezensiert von Meruert Kozhanova

Im Zuge des sogenannten „Animal Turn" ist eine Reihe von religiösen Auseinandersetzungen in der Tierbefreiungsdebatte entstanden. Schwierig sind dabei Beiträge vom Standpunkt der Religion aus, da diese in hohem Maße mit einem anthropozentrischen und speziesistischen Denken verbunden sind (man denke etwa an die biblischen Schöpfungserzählungen). Andererseits gibt es die religionsfreien Weltanschauungen unserer säkularisierten, modernen Gesellschaft, bei welchen sich die Frage stellt, ob sie von diesem Denken tatsächlich befreit sind. Dies gilt es in der interdisziplinären Tierforschung noch hinreichend systematisch zu untersuchen. In ihrem Buch möchte die Akademikerin und Aktivistin Kim Socha aufzeigen, worin sich dieses Denken in unserem Umgang mit nichtmenschlichen Tieren manifestiert und weshalb die Religionen einem Prokrustesbett gleichen, wenn der ethische Veganismus über sie begründet wird.
Im ersten Kapitel führt die Autorin die zentrale These des Buches ein – die Unmöglichkeit eines ethischen Veganismus auf religiöser Grundlage. Ohne sich in der Ausführlichkeit der einzelnen Pro- und Kontra-Standpunkte zu verlieren, zeigt sie anhand ausgewählter Beispiele aus christlichen, muslimischen, buddhistischen und anderen religiösen Textquellen und Praktiken, dass nichtmenschlichen Tieren weder quantitativ noch qualitativ ausreichend Beachtung geschenkt wird. Wenn Tiere überhaupt Erwähnung finden,

ist dies meist von Ignoranz gegenüber ihrem Wohlbefinden oder von Verleumdung gekennzeichnet. Vereinzelte Beispiele aus östlichen und indigenen Religionen zeigen, dass diese zwar zu einem humaneren Umgang mit nichtmenschlichen Tieren ermahnen, jedoch nicht aus wahrem Mitgefühl, sondern aus anthropozentrischen Überlegungen. Allen Religionen bleibe das speziesistische Hierarchiedenken inhärent, das den intrinsischen Wert der Tiere verkennt.

Die Kritik der Autorin richtet sich zwar nicht explizit, jedoch unmissverständlich gegen das Christentum und die auf seiner Basis entstandenen Hegemonien. Im zweiten Kapitel zeigt Socha, wie tief die aus der christlichen Ideologie entspringenden Vorstellungen der menschlichen Einzigartigkeit in unserem Denken verwurzelt sind. Das bekannte Beispiel von Immanuel Kants Verurteilung der Tierquälerei in der *Metaphysik der Sitten* zeige, dass sein aufgeklärtes, von der christlichen Moral befreites Denken weiterhin durch alte hegemoniale Strukturen und anthropozentrische Hierarchien geprägt geblieben sei. Solche Weltanschauungen sind auch heutigen Denkern nachzuweisen. In überzeugender Weise stellt Socha die frappierende Disparität zwischen Ideen und praktischem Handeln der vier bedeutendsten Vertreter des „New Atheism" dar. Trotz ihrer säkularisierten Denkweisen ändern sie ihr speziesistisches Handeln nicht; die Rechtfertigungen für diese Diskrepanz werden als schwach und teilweise absurd entlarvt.

Im dritten und letzten Kapitel spricht sich Socha gegen die Verwendung religiöser Rhetorik sowie gegen das Postulat des Veganismus als einer säkularisierten Religion aus. Sie warnt davor, eine glaubensbasierte Anschauung durch eine andere zu ersetzen, wobei bestehende Denkstrukturen übernommen und bloß mit neuen Inhalten ausgefüllt werden. Atheistischer Veganismus habe sich stattdessen von Grund auf zu behaupten und sich kritisch zu überprüfen, um bestehenden Hegemonien zu entkommen.

Das leicht zugänglich geschriebene Buch ohne große Einführungen in die komplexen theologischen oder philosophischen Tierdebatten ist eine interessante Auseinandersetzung mit vielen einzelnen Einwänden gegen vegane Überzeugungen sowie Überzeugungen über Veganer. Angesichts der Komplexität der Themengebiete Religion, Atheismus und Veganismus verwundert es nicht, dass das Buch den aufgeworfenen Fragen nicht in aller Gründlichkeit nachgehen kann. Eine weiterführende systematische und historische Analyse, die die Religionen sowie ihre soziologischen und kulturellen Auswirkungen einzeln untersuchte, verspräche weitere argumentativ und methodisch überzeugende Antworten in diesem neuen Forschungsfeld zu erschließen.

Kim Socha: *Animal Liberation and Atheism. Dismantling the Procrustean Bed.* Freethought House. Minneapolis / St. Paul, Oktober 2014, 228 S. Paperback 20,00 US$ (ISBN 978-0-9884938-1-0).

Auf den digitalen Spuren des Waldrapps: Alexander Pscheras Vision vom biophilen Netz

Alexander Pschera: *Das Internet der Tiere. Der neue Dialog zwischen Mensch und Natur.* Rezensiert von Sabine Nöllgen

Die ständig zunehmende, umfassende Technologisierung aller Lebensbereiche unserer Zeit, so eine gängige These, hat zu einer fundamentalen Entfremdung des Menschen von der Natur einschließlich der Tierwelt geführt. Nach Meinung ihrer Kritiker schreibt die mit dem Computerzeitalter einsetzende Digitalisierung diese Entwicklung weiter fort. Dennoch ist der Mensch, so Alexander Pschera, trotz aller technologischen Entwicklungen ein biophiles Wesen mit dem Wunsch, mit dem nichtmenschlichen Lebendigen verbunden zu sein. In Anschluss an die Thesen des Verhaltensbiologen Edward O. Wilson, der den Terminus „Biophilie" geprägt hat, versteht Pschera das Internet der Tiere als neue Form der Biophilie, bei der Digitalität – so seine für Technologiekritiker überraschende These – zu einem völlig neuen Zugang zu Tieren verhilft. In seiner gut lesbaren Studie gibt der Autor einen Überblick über verschiedene Formen der digitalen Vernetzung von Mensch und Tier, wie etwa das Abrufen von Bildern versteckter Naturkameras via Internet oder die Verwendung von Natur-Apps. So ermöglicht die *Animal Tracker* App des Max-Planck-Instituts für Ornithologie das Verfolgen der Migration von besenderten Zugvögeln. Auch auf Facebook kann heute verfolgt werden, wo und in welchem Sozialverband der seltene und schöne Waldrapp, ein Ibisvogel, gerade unterwegs ist. Das Internet der Tiere, so Pscheras Kurzformel für die neuen digitalen Möglichkeiten der Tierbegegnung, erlaubt eine völlig neue Art der Nähe zum nichtmenschlichen Lebendigen, wodurch dem enormen Wissensdefizit gerade der jüngeren Generation über biologische Zusammenhänge, Pflanzen und Tiere entgegengesteuert werden kann. Dass der Autor, der aus dem Bereich Medientheorie und Medienphilosophie kommt, digitale Medien auf diese Weise aufwerten möchte, wird bei der Lektüre mehr als deutlich.

Obgleich Pscheras Studie gut recherchiert erscheint, leidet sie gelegentlich unter einer Unschärfe der Terminologie. Dies zeigt sich bereits am Untertitel *Der neue Dialog zwischen Mensch und Natur*. Bezeichnet der Autor beispielsweise die Tierbeobachtung mittels *Animal Tracker* als „Dialog" oder auch, wie an anderer Stelle, als „Interaktion", so stellt sich die Frage, von welchem Interaktionsbegriff er dabei ausgeht. Spricht man von Interaktion als aufeinander bezogenes Handeln zweier oder mehrerer Akteure, so stellt sich im Kontext der Tierbeobachtung mittels App zwingend auch die Frage nach der Handlungskompetenz (*agency*) der – unfreiwillig besenderten – Tiere. Diese lässt Pschera jedoch völlig außer Acht. Auch wenn der überstrapazierte Begriff der „Authentizität" in Bezug auf digitale Bilder wiederholt ins Spiel gebracht wird, erscheint dies Pscheras forciert positiver Sichtweise der neuen technischen Möglichkeiten geschuldet. Insbesondere das Schlusskapitel enttäuscht insofern, als der Autor zu viele Termini einführt, ohne aber Definitionen vorzunehmen und auf bereits laufende Diskurse hinzuweisen. Dadurch streift er zwar viele Diskurse (wie etwa zum Anthropozän), nimmt aber an wenigen überzeugend teil.

Das Internet der Tiere begründet nach Pschera eine völlig neue Ära des Naturbewusstseins, welche von Kenntnis und vielmehr noch Achtsamkeit in Hinblick auf Natur geprägt ist. Doch wie unterscheidet sich die digital hergestellte Kenntnis von der durch die physische Begegnung mit Tieren her gestellten, etwa in freier Wildbahn? Und resultiert Kenntnis tatsächlich auch in Achtsamkeit? Eine Zunahme an Information führt ja nicht zwangsläufig zu verändertem Verhalten. Was dem *Internet der Tiere* darüber hinaus gänzlich fehlt, ist eine kritische Diskussion der digitalen Bezugnahme auf das Tier als anthropozentrisches Projekt.

Insgesamt jedoch handelt es sich um eine lohnenswerte Lektüre, die viele Denkanstöße gibt und an vielen aktuellen Beispielen anschaulich und überzeugend zeigt, dass sich mit dem Fortschreiten der technischen Entwicklungen tradierte Dichotomien wie die von Natur und Technik immer weniger aufrechterhalten lassen.

Alexander Pschera: *Das Internet der Tiere. Der neue Dialog zwischen Mensch und Natur.*
Matthes & Seitz. Berlin, Oktober 2014, 186 S., 10 Abb.
Leinen 19,90 € (ISBN 978-3-95757-014-7).

Abbildungsverzeichnis

Alexander Kling: Wildheit als Naturalisierungseffekt

Abb. 1 Martin Elias Ridinger nach der Komposition von Johann Elias Ridinger: *Selbstporträt im Wald* (1767). Kupferstich. 32,5 x 23,0 cm (mit Schrift). Aus: Wolf Stubbe: *Die Jagd in der Kunst. Johann Elias Ridinger.* Mit 35 Abbildungen auf Tafeln. Hamburg / Berlin: Parey 1966, Tafel 2.

Abb. 2 Johann Elias Ridinger: *Wölffe von 3. bis 4. Iahren und ausgewachsenen Alter haben auf einmahl 8. bis 9. Iunge, leben bis 20. Iahr.* Kuperstich. 34,5 x 42 cm. In: Ders: *Betrachtung der wilden Thiere mit beigefügter vortrefflicher Poesie des hochberühmten Barthold Heinrich Brockes.* Aug[ustae] Vind[elicorum] 1736, Blatt 21. Bereitstellung durch die Staats- und Stadtbibliothek Augsburg.

Mariel Jana Supka

Abb. 1 Suggestion Box. Foto: Mariel Jana Supka.

Loredana Nemes: Gier (2014)

Fotografien & © Loredana Nemes, Berlin, 2105.

Nicole Schuck: Zeittiere (2011–2014)

Harder #2 aus der Serie *Zeittiere und 1251 Einwohner je km²*. Bleistift auf Papier, 65 x 50 cm, 2014.

ohne Titel aus der Serie *Zeittiere und 185 Einwohner je km²*. Bleistift auf Papier, 245 x 150 cm, 2012.

Höhematte aus der Serie *Zeittiere und 1251 Einwohner je km²*. Bleistift auf Papier, 29,7 x 21 cm, 2014.

Lombach aus der Serie *Zeittiere und 1251 Einwohner je km²*. Bleistift auf Papier, 65 x 50 cm, 2014.

ohne Titel aus der Serie *Zeittiere und 185 Einwohner je km²*. Bleistift auf Papier, 29,7 x 21 cm, 2011.

Kurt Wilhelm Hofmann: Geweihe aus dem Zyklus „Memento Mori“ (2014)

Geweih 1547. Bleistift auf Papier, 21,5 x 30,5 cm (2014) aus der Serie „Memento Mori“.

Geweih 1550. Bleistift auf Papier, 21,5 x 30,5 cm (2014) aus der Serie „Memento Mori“.

Geweih 1552. Bleistift auf Papier, 21,5 x 30,5 cm (2014) aus der Serie „Memento Mori“.

Geweih 1582. Bleistift auf Papier, 21,5 x 30,5 cm (2014) aus der Serie „Memento Mori“.

Call for Papers: Experiment

Tierstudien 10, Herbst 2016
Herausgegeben von Jessica Ullrich

Bis vor einigen Jahren ergab die Googlesuche beim Stichwort „Animal Studies“ vor allem Ergebnisse, die sich auf klinische Tierversuche bezogen. Das hat sich mit dem Erstarken der akademischen Disziplin der Animal Studies geändert, dennoch ist das Thema Tierexperiment in der gegenwärtigen Gesellschaft natürlich nicht weniger präsent. Die übernächste Ausgabe von *Tierstudien* ist daher dem Thema „Experiment“ gewidmet. Wir suchen nach Beiträgen, die sich mit Tierversuchen aller Art auseinandersetzen. Das können Texte sein, die die Funktion, die Agency oder das Leiden von Tieren im medizinischen Laborexperiment beleuchten, aber auch die ethische Vertretbarkeit, die gesellschaftliche Akzeptanz oder die diskursive Legitimation von Tierversuchen. Die Interaktion von ForscherIn und tierlichem Forschungsobjekt in experimentellen Settings könnte ebenso im Mittelpunkt eines Beitrags stehen wie die Diskussion der historischen Entwicklung und der Perspektiven des Tierversuchs bzw. von dessen Alternativen.

Aber es sind genauso Diskussionen von gesellschaftlichen oder sozialen Experimenten gewünscht, in denen nichtmenschliche Tiere eine Rolle spielen oder die im Interesse der Tiere entwickelt werden. Auch Betrachtungen über Tiere, die nicht nur „Mitarbeiter“ in von Menschen erdachten und initiierten Versuchsaufbauten sind, sondern die selbst zu Experimentatoren werden, sind denkbare Untersuchungsgegenstände. Weitere mögliche Themen sind künstlerische Repräsentationen von Tierexperimenten oder die Bedeutung von Tieren in Artistic Research.

Unter anderem suchen wir nach Beiträgen aus dem geisteswissenschaftlichen Bereich und hier vor allem nach kritischen Analysen von Literatur, Kunst, Film, Theater, Musik. Aber Texte zu relevanten Aspekten der Populärkultur oder soziologische, psychologische, rechtswissenschaftliche und ethologische Studien sind ebenfalls erwünscht. Andere, hier nicht aufgeführte Untersuchungen zum Themenkomplex „Tiere und Experiment“ sind ebenso willkommen, gerne auch in experimentellen Formaten.

Abstracts von nicht mehr als 2.000 Zeichen senden Sie bitte bis zum 1. Februar 2016 an jessica.ullrich@neofelis-verlag.de.
Die fertigen Texte dürfen eine Länge von bis zu 22.000 Zeichen haben (inklusive Leerzeichen und Fußnoten) und müssen bis zum 1. Juni 2016 abgegeben werden. Danach gehen sie zur Peer Review an den wissenschaftlichen Beirat von *Tierstudien*. Erscheinungsdatum für die angenommenen Texte ist Anfang Oktober 2016.

Tierstudien

hrsg. von Jessica Ullrich

Bisher erschienen
01/2012 – *Animalität und Ästhetik*
02/2012 – *Tiere auf Reisen*
03/2013 – *Tierliebe* (hrsg. zus. mit Friedrich Weltzien)
04/2013 – *Metamorphosen* (hrsg. zus. mit Antonia Ulrich)
05/2014 – *Tiere und Tod* (hrsg. zus. mit Antonia Ulrich)
06/2014 – *Tiere und Raum*
07/2015 – *Zoo*
08/2015 – *Wild*

In Planung
09/2016 – *Tiere und Unterhaltung* (hrsg. zus. mit Aline Steinbrecher)
10/2016 – *Experiment*